LA TRADUCTION

LA TRADUCTION
UN PONT DE DÉPART

KERRY LAPPIN-FORTIN

Toronto | Vancouver

La traduction : Un pont de départ
By Kerry Lappin-Fortin

First published in 2017 by
Canadian Scholars
425 Adelaide Street West, Suite 200
Toronto, Ontario   M5V 3C1

www.canadianscholars.ca

Library and Archives Canada Cataloguing in Publication

Lappin-Fortin, Kerry, 1955-, auteur
        La traduction : un pont de départ / Kerry Lappin-Fortin.

«... version remaniée et fortement étoffée de Traduire? Avec plaisir!»--Préface. Comprend des références bibliographiques et un index. Publié en formats imprimé(s) et électronique(s). ISBN 978-1-55130-985-9 (couverture souple).--ISBN 978-1-55130-987-3 (EPUB).--ISBN 978-1-55130-986-6 (PDF)

        1. Anglais (Langue)--Traduction en français--Étude et enseignement (Supérieur). 2. Français (Langue)--Traduction en anglais--Étude et enseignement (Supérieur). 3. Traduction--Étude et enseignement (Supérieur). I. Lappin-Fortin, Kerry, 1955- . Traduire? Avec plaisir! II. Titre.

PC2498.L355 2017   448'.0221   C2017-902457-4   C2017-902458-2

Cover design by Gord Robertson
Interior design by JVDW Designs

Printed and bound in Canada by Marquis

TABLE DES MATIÈRES

PRÉFACE

La traduction : un pont de départ est une version remaniée et fortement étoffée de *Traduire? Avec plaisir!*, un cahier de cours publié en 2010. Nous vous proposons un manuel « hybride » qui offre le côté pratique et divertissant d'un livre d'exercices, tout en fournissant un contenu théorique plus complet. Nos objectifs pédagogiques demeurent les mêmes : améliorer la compétence rédactionnelle en langue française et cultiver une compétence en traduction. Ce manuel s'adresse principalement aux étudiants anglophones possédant déjà une bonne maîtrise du français – soit les niveaux B2 à C2 selon le CECR (Cadre européen commun de référence) – et suivant un premier ou un deuxième cours de traduction, voire de stylistique comparée. Il se compose de la manière suivante :

- Un fondement théorique pour la traduction français-anglais et anglais-français organisé en quatre parties (I. Notions de base, II. Procédés et stratégies de traduction, III. Types de traduction, IV. Défis de la traduction);
- Chaque section du manuel présente une série d'exercices encourageant l'assimilation et le renforcement des notions étudiées et propose des activités ludiques à faire en classe;
- La Partie III permet une mise en pratique des nouvelles connaissances en abordant trois styles de textes très différents : journalistiques, spécialisés (techniques) et littéraires. Les devoirs consistent en une sélection de textes intéressants et variés, aussi nombreux en anglais qu'en français;
- Une rubrique intitulée « Grammaire comparée » fournit des explications supplémentaires sur de nombreuses difficultés linguistiques rencontrées en cours de route;
- Un corrigé partiel, un examen modèle, un glossaire et un index facilitent l'étude autonome à la maison. (Soulignons qu'un corrigé complet est offert dans le *Cahier du maître* électronique.)

L'enseignant(e) est libre de choisir les composants qui conviennent le mieux aux besoins de ses étudiants et de les adapter à un programme de 12 ou de 15 semaines. À titre d'exemple, lorsqu'il s'agit de l'unique cours de traduction offert dans un programme, nous recommandons d'équilibrer le travail vers les deux langues et d'utiliser surtout des textes journalistiques. Dans un cours d'introduction, on pourrait choisir de se limiter aux sections suivantes : Partie I, Partie II A–D (procédés directs et transpositions), « Grammaire comparée » (en étoffant avec des exercices supplémentaires au besoin) et Partie III A (traduction journalistique), en proposant des devoirs uniquement vers l'anglais. Un cours plus avancé aborderait l'ensemble des procédés de traduction au moyen de textes spécialisés et littéraires (toujours en privilégiant le travail vers le français) et offrirait un aperçu des défis (Partie IV). L'analyse de sites web bilingues ou de sous-titrage de films pourrait éventuellement enrichir le programme.

Je tiens à remercier les cinq évaluateurs anonymes de *Traduire? Avec plaisir!*, dont les commentaires et les suggestions m'ont été fort utiles lors de la préparation du nouveau manuscrit. Merci également à mes anciens étudiants et étudiantes. L'expérience acquise au fil des 25 dernières années en tant qu'enseignante de la traduction sur différents campus ontariens (York, Guelph, Wilfrid Laurier, Waterloo et St. Jerome's) a orienté la rédaction de ce manuel, et j'en suis reconnaissante.

La traduction est un domaine fascinant; elle éclaire les différences entre deux systèmes linguistiques, elle jette un pont entre deux cultures. Néanmoins, c'est une activité exigeante et parfois décourageante. Un cours de traduction n'est donc jamais facile. L'apprenant(e) doit travailler assidûment, tout en acceptant que ses traductions ne pourront être « parfaites ». Quant à l'enseignant(e), son défi est de savoir encourager la persévérance et nourrir une passion pour deux langues…

Kerry Lappin-Fortin
Le 10 novembre 2016

PARTIE I

NOTIONS DE BASE

Introduction

Ce manuel constitue la base d'un cours de traduction destiné à des étudiants de français langue seconde qui ont atteint un niveau intermédiaire-avancé en français. Le but principal n'est pas de former des traducteurs professionnels[1], mais d'améliorer les compétences linguistiques des apprenants au moyen de la grammaire contrastive et de la stylistique comparée, de leur enseigner les techniques de traduction en leur fournissant l'occasion de mettre celles-ci en pratique (Parties II et III) et de les sensibiliser aux défis de ce métier exigeant (Partie IV). Dans cette première partie, nous abordons les notions de base nécessaires pour entreprendre l'étude de la traduction français-anglais et anglais-français, en commençant par cerner le sens des mots *traduction* et *traduire*.

Selon le proverbe italien, « traduire, c'est trahir » (*Traduttore, traditore*), c'est-à-dire qu'en transposant un message dans une autre langue on trahit nécessairement l'intention de l'auteur, la valeur stylistique, voire le contenu sémantique du texte original. D'autres, comme le romancier Jacques Poulin, prétendent que « la traduction est une histoire d'amour ». Richard Philcox, qui traduit les romans de son épouse Maryse Condé, décrit son travail comme un véritable « labour of love » (p. 38; voir aussi Lappin-Fortin, 2013). Quelle définition nous en fournissent les linguistes?

La « traduction » désigne à la fois la pratique traduisante, l'activité du traducteur (sens dynamique) et le résultat de cette activité, le texte-cible lui-même (sens statique). [...] La traduction est une activité humaine universelle, rendue nécessaire à toutes les époques et dans toutes les parties du globe par les contacts entre communautés parlant des langues différentes [...] (Ladmiral, p. 11)

L'activité de *la traduction* date de l'histoire ancienne, la Bible étant le texte le plus souvent traduit; saint Jérôme (né vers 347) en a réalisé la traduction latine, la Vulgate, à partir de textes de l'Ancien Testament en hébreu et du Nouveau Testament en grec. Par contre, l'activité de la **traductologie**, qui examine les théories et les pratiques de la traduction, est beaucoup plus récente. Les linguistes modernes sont les premiers à avoir tenté d'analyser l'opération *traduisante* selon une approche descriptive. Avant d'entamer notre discussion des procédés et des difficultés de la traduction, il convient donc d'expliquer brièvement quelques grands principes de la linguistique.

A. Notions de linguistique

Considéré par plusieurs comme « le père de la linguistique moderne », Ferdinand de Saussure (1857-1913) a proposé dans son *Cours de linguistique générale* (publié par ses étudiants après sa mort) un modèle d'analyse de la langue comme une structure dont l'élément de base (le **signe linguistique**) est totalement arbitraire. Ce signe consiste en deux faces : *le signifiant*, c'est-à-dire la forme – qui est avant tout une forme phonique, car la langue est d'abord un acte de parole – et *le signifié*, qui est le sens évoqué dans l'esprit d'un auditeur lorsqu'il entend le signifiant. Par exemple, si un locuteur prononce les six phonèmes / f r o m a ʒ /, un francophone pense tout de suite à l'aliment appelé communément *le fromage*; les deux côtés de ce signe linguistique sont donc indissociables. L'aliment lui-même – celui qui se trouve sur la table ou au réfrigérateur – s'appelle **le référent**. La notion saussurienne de *l'arbitraire du signe* s'appuie sur le fait que les membres d'une communauté linguistique donnée s'entendent pour utiliser tel ou tel signe pour parler des réalités (concrètes ou abstraites) de leur univers, mais que le signe n'a aucun rapport naturel avec ce référent, il n'est nullement motivé, il est purement conventionnel. Ainsi, cet aliment se nomme *fromage* chez les francophones, mais *cheese*, *queso*, *kass*, etc., ailleurs.

Selon les linguistes américains Edward Sapir (1884-1939) et son étudiant Benjamin Lee Whorf (1897-1941), la pensée passe nécessairement par l'intermédiaire de la langue; il s'ensuit que si deux langues sont structurellement très différentes, elles serviront nécessairement à véhiculer deux *visions du monde* différentes (nous y reviendrons dans la Partie II). Tous les linguistes ne se rangent pas du côté du *déterminisme linguistique*, mais la théorie Sapir-Whorf demeure néanmoins importante et a des conséquences pour la traduction. Citons, comme le fait Armstrong (p. 16-17), le cas des deux formes d'adresse du français (*tu* et *vous*) par opposition au système pronominal anglais (un seul *you*) :

> [C]learly a French sequence like: *on se tutoie, d'accord?* can have no literal translation in English. [...] a language like French, in which the T/V system is a structural part [...] shows in quite a vivid way the influence language can have upon perception. [...] Equivalents in English of the T/V system seem less salient, and are also subject to choice: for example, one may hesitate between the use of title plus last name and first name when addressing someone one does not know very well, but equally one can simply avoid the operation altogether and say something like: 'Er... excuse me'.

Roman Jakobson (1896-1982), un autre linguiste important du 20ᵉ siècle, a proposé un modèle fonctionnel du langage (1960) identifiant six fonctions linguistiques :

- *Expressive* (utiliser la langue pour exprimer ses émotions ou ses opinions);
- *Conative* (utiliser la langue dans le but de convaincre le destinataire);
- *Référentielle* (transmettre un message objectif concernant le référent);
- *Phatique* (utiliser la langue pour maintenir le contact avec le destinataire);
- *Poétique* (utiliser la langue dans un but esthétique, parfois **ludique**);
- *Métalinguistique* (utiliser le code linguistique pour parler du code linguistique).

À cette liste s'ajoute aussi la fonction *sociolinguistique* (fonction identificatrice) : la langue peut servir à signaler l'appartenance du locuteur à un groupe social donné. Si l'*acte de parole* remplit différentes fonctions, il s'adapte aussi à différentes situations de communication; selon le contexte social, le locuteur adopte un registre ou *niveau de langue* déterminé. Presque tout le monde s'exprime d'une certaine manière dans une situation sociale formelle (par ex., un entretien d'embauche, un rapport professionnel, une conférence ou allocution) et d'une autre manière avec la famille et les amis; chacun possède donc au moins deux styles de parler. En français, on distingue quatre *niveaux de langue* différents : soutenu, neutre, familier et populaire.

Les niveaux de langue

a) **Niveau soutenu.** Réservé à la langue écrite d'usage formel et au style littéraire, le niveau soutenu est caractérisé par un vocabulaire recherché, un style travaillé, une syntaxe complexe et une grammaire soignée. (Une allocution est normalement prononcée au niveau soutenu, mais il s'agit essentiellement d'un texte écrit qui est lu. Toute lecture à voix haute se caractérise également par une prononciation soignée et la présence de liaisons facultatives.)

b) **Niveau neutre ou courant** (certains diront *correct*[2]). Ici, on respecte la grammaire du **bon usage** et on utilise un vocabulaire commun à la majorité des francophones. Les phrases, souvent complexes, sont bien construites. Ce niveau est utilisé à l'écrit et à l'oral pour communiquer dans une situation professionnelle ou scolaire et vise la clarté entre les interlocuteurs.

c) **Niveau familier.** Il s'agit ici de la communication (informelle) entre amis et avec la famille. Surtout utilisé à l'oral, ce niveau convient aussi à des messages écrits (par ex., courriels, lettres) entre des gens qui se connaissent bien. La morphosyntaxe présente quelques écarts par rapport à la langue écrite normative, par exemple la chute du *ne* (*je sais pas*) et l'élision des pronoms (*t'es, t'as*), mais elle reste essentiellement conforme au bon usage.

d) Niveau populaire. Le niveau *populaire*, que certains appellent la *langue relâchée* ou *vulgaire*, « viole les règles les plus importantes du "bon usage" » (*Dictionnaire de la linguistique*, p. 449). Selon le dictionnaire *Larousse*, le parler populaire « révèle soit l'origine modeste du locuteur [...] soit la volonté de paraître franc, spontané ou sans façons ». Ce niveau est caractérisé par un vocabulaire argotique utilisé par certains sous-groupes de la société, mais qui n'appartient pas au langage commun.

Dans un dictionnaire français, tout mot qui ne relève pas du niveau *courant* sera étiqueté comme *LITTÉR.*, *FAM.* ou *POP.* Cela dit, les dictionnaires ne sont pas toujours d'accord sur la désignation *FAM.* ou *POP.* d'un vocable donné. Par exemple, *Le Petit Robert* considère que le verbe transitif *emmerder* relève du niveau familier et que *faire chier* est très familier; selon le dictionnaire *Larousse*, ces deux termes sont très familiers.

L'anglais présente lui aussi différents styles de parler adaptés au degré de formalité désiré. Ainsi, une même personne pourrait dire, selon le contexte social : *It's imperative that I leave. / I must leave. / I have to leave. / I've gotta go. / I gotta go. / I'm outta here!*

On appelle *Standard English* l'anglais utilisé dans les médias (pour communiquer les informations, par exemple) et prôné dans les écoles. Le *Canadian Oxford Dictionary* identifie quatre styles qui se démarquent de cet usage standard :

- *formal* : usage formel réservé surtout à la langue écrite;
- *informal* : usage informel réservé surtout à la langue orale;
- *slang* : le niveau le plus informel; s'associe souvent à un groupe social en particulier (classe sociale, région, groupe professionnel, etc.);
- *coarse slang* : l'usage de mots tabous ou relevant de la sexualité.

Rosa et Eschholz (p. 130) proposent la définition suivante du *slang* :

Slang is the unconventional, informal language of particular subgroups—street gangs, soldiers, or college students, for example; it is not generally known to all members of society. Moreover, slang terms quickly come into and go out of existence, making communication among groups even more difficult.

Il s'agit donc d'un usage qui correspond au *niveau populaire* du français. En anglais, le terme *colloquial* peut être utilisé pour décrire l'usage informel mais tout de même courant de la langue de tous les jours; l'équivalent en français serait le *niveau familier*. Babington et Lepan (p. 270) offrent l'exemple suivant pour illustrer la différence entre *slang/informal English* et un style plus formel (Comment pourrait-on traduire ces deux phrases en français?) :

She's like, "Why do we have to be here?" and I'm like, "Duh!"
= She wondered why we had to be there; to me it was obvious.

Mentionnons également les contributions importantes d'Eugene Nida (1914-2011), linguiste américain et spécialiste de la traduction de la Bible, dont le principe *equivalent effect* (ou *dynamic equivalence*) oriente le traducteur vers le but suivant : produire le même effet sur le lectorat ciblé que celui créé chez les lecteurs du texte source. Un tel point de vue, partagé par de nombreux linguistes, souligne l'importance de l'acte de communication et privilégie le public de la **langue d'arrivée**. D'autres, comme le traducteur, philosophe et théoricien Antoine Berman (1942-1991), insistent sur l'importance de respecter le texte original, quitte à *dépayser* le lecteur du **texte d'arrivée** (cible) en ce faisant. (Soulignons que Berman s'intéresse avant tout à la traduction littéraire.) Cette tension entre *la fidélité au texte source* et à la langue et à la culture d'origine, d'une part, et *la fidélité au texte d'arrivée* et à la langue et la culture ciblées, d'autre part, constitue l'un des plus grands défis de la traduction. Dans *Les Belles Infidèles* (1955), le linguiste français Georges Mounin (1910-1993) décrit le dilemme comme un choix entre des « verres colorés » et des « verres transparents » – ces derniers étant les « verres » qu'on adopte pour rendre une traduction si fidèle à la langue d'arrivée que l'on pourrait croire qu'il s'agit de la version originale. D'autres (par ex., Umberto Eco et Lawrence Venuti) utilisent les termes *source-oriented* et *target-oriented* et parlent de **foreignization** et de **domestication**. Nous reviendrons à cette question dans la Partie IV.

B. Que veut dire « traduire »?

Au milieu du 16e siècle, Étienne Dolet, humaniste français et célèbre « traducteur martyr », définit les règles de base de la traduction dans son ouvrage *La manière de bien traduire d'une langue en aultre* (1540). Les « cinq principes » de Dolet s'appliquent toujours aujourd'hui :

- Il faut comprendre parfaitement le sens et la matière du texte original.
- Il faut avoir une connaissance « parfaite » des deux langues (est-ce possible?).
- Il faut transmettre le message clairement dans l'autre langue, dans le texte d'arrivée – même si l'original lui-même n'est pas clair.
- Il faut utiliser le langage commun, c'est-à-dire que le texte d'arrivée doit être **idiomatique** et « ne pas sentir la traduction ».
- Il ne faut surtout pas faire du « mot à mot »!

Les linguistes Jean-Paul Vinay et Jean Darbelnet sont les premiers à proposer une méthode de traduction suivant des règles et des procédés traductifs. Dans les pages qui suivent, nous ferons souvent référence à leur œuvre majeure *Stylistique comparée de l'anglais et du français*, parue pour la première fois en 1958; les sept procédés de traduction de Vinay et Darbelnet forment d'ailleurs la base de la Partie II de ce manuel.

Les traducteurs contemporains s'accordent pour dire que bien traduire signifie faire passer un message de la **langue de départ** (LD) à la langue d'arrivée (LA) en respectant les éléments décrits ci-dessous, soit les valeurs référentielles et connotatives, les différents types et styles de textes, les niveaux de langue, les variétés linguistiques et les facteurs **métalinguistiques**.

1. Valeurs référentielles et connotatives

Le traducteur se doit de transmettre fidèlement le contenu sémantique du **texte de départ**. Il faut d'abord respecter la *valeur référentielle* : de quoi parle-t-on? Quel est le message?

> **Exemple :** *Polish sausage* = un type de saucisse; on ne demande pas aux gens de la polir. Cet aspect est particulièrement important en traduisant des textes où la fonction principale est de transmettre un message objectif, d'informer le lecteur.

(C'est le cas des textes scientifiques, des modes d'emploi, des manuels, des recettes, etc.)

Ensuite, il faut déterminer la *valeur connotative* du texte. Le traducteur doit être particulièrement sensible aux mots qui portent, en plus de leur premier *sens dénotatif*, un deuxième *sens affectif*.

Exemple : Le mot anglais *medieval* pourrait très bien se traduire en français par *médiéval*; cependant, si le TD exprime une **connotation** péjorative, il faudrait choisir plutôt *moyenâgeux*.

Exemple : En France, le mot familier *beauf* est tout à fait inoffensif lorsqu'il désigne le mari d'une sœur, comme troncation de *beau-frère*, mais ailleurs, il porte une valeur péjorative de « borné », « étroit d'esprit », et s'emploie pour décrire un certain stéréotype du « petit Français moyen ». (Quelle traduction « approximative » pourrait-on proposer en anglais?)

2. Types de textes et niveaux de langue

Il est essentiel d'identifier le style du texte à traduire afin de savoir quelle fonction importe le plus : fonction référentielle? fonction poétique? conative? (selon les termes de Jakobson). S'agit-il d'un texte littéraire? technique? journalistique? administratif? publicitaire...? Faut-il reproduire un style concis ou bien des éléments ludiques?

Dans la Partie III, nous examinerons les caractéristiques de différents types de textes et des stratégies de traduction à adopter.

Revenons ici à la question du niveau de langue. Avant d'aborder un travail de traduction, il faut déterminer le ou les registres utilisés dans le TD afin de les respecter dans le TA. Comment arrive-t-on à identifier un niveau de langue? Pour commencer, il existe toujours des indices sur le plan du lexique. Par exemple, l'adverbe *fort*, signifiant *très ou bien* (*C'est fort intéressant*), signale un niveau de langue soutenu; il convient à la langue écrite, mais aussi à la langue orale de style plutôt formel. (Par contraste, la réduction de *bien* en *ben* caractérise un usage parlé familier.) En anglais, *exceedingly* ou *extremely* traduisent fidèlement *fort*, mais l'adverbe *very*, dont l'usage est plus courant, pourrait convenir aussi. Pour traduire le nom (littéraire) *demeure*, l'anglais *dwelling* ou *residence* conviennent très bien; cependant, le vocable *home*, beaucoup plus courant, pourrait être la meilleure solution selon le contexte – pourvu que l'ensemble du TA respecte le style soigné. De la même manière, un mot familier en LD n'est pas nécessairement traduit par un mot familier en LA (*bagnole*, *bouquin*, *boulot*, *bosser*, *bouffer* relèvent du registre familier en français, mais se traduisent par des mots anglais tout à fait courants, *car*, *book*, *work*, *eat*). Cependant, l'occurrence d'un vocable familier aide le traducteur à identifier le niveau de langue à respecter dans son texte d'arrivée. La **troncation** (qui supprime la fin du mot), phénomène très courant dans la langue parlée en France, sert aussi à signaler le niveau familier; par exemple, *apéro* (apéritif), *dico* (dictionnaire), *écolo* (écologique), *intello* (intellectuel), *kiné* (kinésithérapeute), *manif* (manifestation), *ordi* (ordinateur), *philo* (philosophie), *radio* (radiographie), etc. Connaissez-vous d'autres exemples de troncation?

Le niveau de langue est également indiqué par différents choix sur le plan de la morphosyntaxe. Par exemple, on utilise le passé simple uniquement dans la langue écrite, notamment dans un texte littéraire, soutenu. L'inversion de l'ordre syntaxique typique sujet-verbe (où le verbe précède le sujet pour des fins stylistiques) relève également d'un niveau de langue soutenu.

> **Exemple :** Dans le passage ci-dessous, trois types d'indices confirment qu'il s'agit bien d'un texte littéraire. Sur le plan lexical, quels mots relèvent d'un vocabulaire recherché? Quel est le temps de verbe (choix morphologique)? Combien d'inversions sont présentes?
>
> [...] tel est le plan sommaire de cette demeure où s'écoulèrent les jours les plus tourmentés et les plus chers de ma vie – demeure d'où partirent et où revinrent se briser, comme des vagues sur un rocher désert, nos aventures. (Alain-Fournier, *Le grand Meaulnes*, 1971, p. 12)

Par contre, la langue parlée utilisée dans la vie quotidienne, à la maison mais aussi avec les collègues au travail, se caractérise par de nombreuses réductions morphologiques (par ex., l'élision des pronoms *je*, *tu*, *il(s)* en *j'*, *t'*, *i'*; la chute du *ne* de négation; la réduction de *bien* en *ben* et de *puis* en *pis*, etc.) et d'un vocabulaire familier – vocabulaire qui varie considérablement d'une région à une autre :

- *J'comprends pas pantoute!* (*pantoute* est une variante québécoise pour *pas du tout*). En France on pourrait entendre : *J'pige que dalle*.

Sur le plan syntaxique, différents traits caractérisent le niveau familier, dont l'utilisation de *quoi* dans les interrogations :

- *Ça veut dire quoi, ça?* (Soulignons aussi la reprise du sujet et la réduction de *cela*). En français courant : *Qu'est-ce que ça (cela) veut dire?* Au niveau soigné : l'utilisation du pronom interrogatif *Que* suivi d'une inversion : *Que veut dire cela?*

3. Variétés linguistiques et associations culturelles

Le traducteur doit aussi déterminer le **code** utilisé par le lectorat ciblé. Utilise-t-on un jargon professionnel dans le TD qu'il faudra essayer de reproduire dans le TA? Faut-il penser aux particularités d'une certaine variété linguistique? Pour qui traduit-on? Pour des Québécois ou des Bretons? Pour des Américains ou des Irlandais? Ou encore, pour des enfants? La question du code est particulièrement importante lorsqu'on traduit un texte au niveau familier, car plus la langue est populaire, plus les variantes sont nombreuses.

Exemple : *aller au cinéma = to go to the movies,* mais si on s'exprime au niveau familier, il existe différentes variantes régionales : *aller au ciné/cinoche* (FR) = *aller aux vues* (QC, quoique de moins en moins fréquent) = *go to the show* (É.-U.) = *go to the pictures* (G.-B.).

Exemple : *the children* = *les enfants* (langue courante), mais le mot familier *kids* tend un piège possible. Si le texte est destiné aux Québécois, il convient de traduire par *les p'tits,* ou encore par *les flos* ou *les mousses,* plutôt que par les variantes françaises *gamins* ou *mômes* – et il ne faudrait SURTOUT pas traduire par *gosses*! (Ce mot signifie *testicules* au niveau familier au Canada.)

Exemple : Où dit-on 100 *bucks*? 100 *piasses*? 100 *balles*? 100 *quid*? (Nous reviendrons plus en détail à la question du code linguistique dans la Partie IV.)

Finalement, il est important de savoir s'il existe des *associations culturelles* dont il faut tenir compte. Par exemple, le traducteur doit être sensible au fait que la valeur connotative des couleurs, des plantes, des aliments, etc., peut varier d'une culture à une autre. Dans ce cas, il faut avoir recours à une **adaptation** (voir les Parties II et III). Tatilon (1989, p. 22-23) décrit ainsi une des difficultés lors de la traduction de la Bible :

> Comment traduire, par exemple, en lui gardant toute sa valeur édifiante, la parabole du figuier dans la langue d'un peuple chez qui cet arbre ne porte

que des fruits non comestibles et purgatifs? [...] Eugene Nida propose avec bon sens de remplacer le figuier par un autre arbre, aux fruits comestibles et appréciés des gens du pays.

Exemple : La pomme est depuis longtemps symbole de la rentrée scolaire en Amérique du Nord. De nos jours, même si peu d'enfants canadiens et américains laissent une belle pomme rouge sur le bureau de l'enseignant(e), ce fruit persiste dans les publicités de vêtements et de fournitures scolaires. En France, les petits écoliers apportent plus fréquemment des fleurs à la maîtresse que des fruits, et le premier mai, c'est un brin de muguet (*lily-of-the-valley*) qui serait de rigueur. Par contre, une fleur qui ne s'offre jamais, que ce soit à son enseignante ou à son hôtesse, c'est le chrysanthème. Cette fleur qui, en Amérique du Nord, marque l'arrivée de l'automne et y décore joliment les jardins et les maisons au moment de l'Action de grâce (*Thanksgiving*), n'orne que les cimetières en France.

En somme, ce sont tous des exemples de *facteurs métalinguistiques* dont il faut tenir compte en abordant un texte à traduire.

Exercice I.1

Comparez la version anglaise et la version française des extraits suivants, relevées d'une brochure du site touristique Odyssée Canada/Canada Odyssey (2007). Selon vous, quelle est la langue de départ (LD)? Justifiez votre réponse.

[...] Odyssée Canada est bien plus qu'une exposition, c'est un formidable voyage virtuel avec Jacques Cartier, les généraux Wolfe et Montcalm, Michel Sarrazin, Wilfrid Laurier et tant d'autres pionniers qui ont forgé le paysage d'aujourd'hui et influencé toute l'Amérique. Revivez en direct la naissance du pays et la découverte de trésors naturels issus de la faune, de la flore, du sol et du ciel.

Partez à l'aventure au cœur des événements marquants des plaines d'Abraham. Bonnes découvertes! [...]

Gratuit pour les 12 ans et moins

[...] Canada Odyssey is much more than just an exhibition, it is an extraordinary virtual voyage with Jacques Cartier, General Wolfe and General Montcalm, Michel Sarrazin, Wilfrid Laurier and many other pioneers who contributed to shape contemporary Canada and influenced all of the North American continent. Revisit live the reconstruction of the birth of the country and discover the natural treasures that fauna, flora, the sky and soil hold.

Set off on a new adventure in the heart of the Plains of Abraham's significant events and make happy discoveries! [...]

Free For Children 12 Years Old And Less

Exercice I.2

Expliquez ces gaffes (authentiques!) de la traduction « mot à mot » et corrigez-les :

a) *Fait en Dinde :* ~~do a female turkey~~ / Made in Turkey

b) *cirage à clou :* polish nail or stud / nail polish

c) *coffre-fort pour enfants :* Safe for kids

d) *piste et champ :* track + field

e) *Polissez la saucisse :* polish ~~the~~ sausage

f) *L'onu-nid avant de vendre :* . . . before buying

g) *radis de cheval gelé :* frozen horse radishes

Exercice I.3

Avez-vous compris? Répondez aux questions suivantes :

1. Quel est *le référent*?

   a) C'est un gros bleu. _____

   b) C'est un bon bleu. _____

   c) C'est un beau bleu. _____

   d) C'est une grosse Bleue. (QC) _____

2. Identifiez une *valeur connotative* pour chacun de ces mots :

   a) bourgeois : _____

   b) collaborateur : _____

   c) femelle : _____

   d) Monoprix® : _____

   e) mon pote : _____

3. Comment sait-on que les énoncés suivants appartiennent au registre *familier* et au style *oral*? Identifiez les indices, sur les plans de la morphosyntaxe et du lexique (selon le cas). Ensuite, reformulez ces énoncés dans un français neutre.

   a) T'as fait quoi hier soir? (deux indices)

   _____

   Reformulez cette phrase au niveau courant :

   _____

   ... et au niveau un peu plus soigné (avec inversion) :

   _____

   b) Ça m'étonne pas. C'est le bazar chez lui. (trois indices)

   _____

Reformulez cette phrase au niveau courant :

_____

c) I' s'est fait voler sa Béhème. (deux indices)

_____

Reformulez cette phrase au niveau courant :

_____

d) Les mômes, j'es emmène avec moi. (trois indices)

_____

Reformulez cette phrase au niveau courant.

_____

e) Mon proprio, i' fait plein de fric, mais i' répare jamais cette baraque. (six indices)

_____

Reformulez au niveau courant :

_____

Maintenant, traduisez chacune des phrases dans un anglais familier, au style parlé, selon votre propre variété régionale :

a) _____

b) _____

c) _____

d) _____

e) _____

4. Quel *code* utilise-t-on ici? Pourquoi?

Then he did the same thing to the other *Who's* houses
Leaving crumbs much too small for the other *Who's* mouses!
(*How the Grinch Stole Christmas*, by Dr. Seuss)

_____

_____

_____

5. En Occident, la couleur noire évoque le deuil ou encore le mal (l'occulte); en Afrique du Nord, par contre, le noir symbolise la fertilité, et en Inde, une veuve s'habille en blanc. Est-ce important pour le traducteur? Expliquez.

_____

_____

_____

C. Méthodologie

1. Étapes à suivre

Rappelons la première règle de base telle qu'énoncée par Dolet : il faut que le traducteur *comprenne* le sens et la matière du TD. Comme le dit si bien l'axiome : « On ne traduit bien que ce que l'on comprend bien » (Delisle, p. 85). La démarche initiale, donc, avant même d'entamer le travail de traduction, c'est de *lire* attentivement et de multiples fois le texte à traduire afin d'en saisir le sens. Selon Delisle (p. 84) : « Il faut s'imprégner du texte, l'assimiler sans se précipiter sur les dictionnaires bilingues. » Il est également essentiel de bien situer le texte, d'en déterminer la fonction et le style, et de savoir qui est l'auteur et quel est le public visé.

Ensuite, on passe rapidement à l'acte : la transmission du message source à la LA. On consulte les dictionnaires et on rédige un premier brouillon. Il ne s'agit pas de traduire « phrase par phrase » (car il est possible de combiner des phrases pour des fins stylistiques ou pour des raisons de clarté), mais de *reformuler le texte dans la langue cible*. Après cette deuxième étape du travail, il est important de prendre du recul et de « laisser reposer la pâte » ou, pour reprendre l'expression de Delisle (p. 87), « décanter » la traduction.

La dernière étape est celle de *la vérification* : vérifier que le TD est respecté (par ex., que toutes les unités de sens sont bien traduites, qu'il n'y a pas d'**omissions** ni de faux sens, que le niveau de langue et le style sont respectés, etc.) et s'assurer que les normes d'usage de la LA sont respectées. Finalement, on retravaille, on peaufine, on « polit » au besoin la traduction, afin qu'elle soit idiomatique et qu'elle « coule bien ». Plusieurs traducteurs recommandent de lire à voix haute le TA pour voir si « ça sonne vrai ».

En somme, bien traduire un texte nécessite une démarche à cinq étapes :

- Comprendre le TD;
- Reformuler en LA à l'aide de dictionnaires bilingues et unilingues (un premier brouillon);
- Laisser reposer la pâte;
- Vérifier (par ex., les unités du TD sont-elles respectées dans le TA?);
- Peaufiner pour arriver à une version finale conforme aux normes de la LA.

Pondre une bonne traduction demande donc un temps et un travail considérables!

Comme le souligne Delisle (p. 88) :

> Trois genres de difficultés conditionnent en fait la méthode de travail du traducteur : *compréhension* (mise en situation et interprétation du sens), *documentation* (thématique et terminologique) et *transfert* (procédés de traduction, respect des usages de la langue d'arrivée).

2. Trouver le « mot juste »

Dans les sections précédentes, nous avons constaté qu'une **traduction fidèle** doit tenir compte de plusieurs aspects différents du message (source et cible). Lors de la traduction du « mot » lui-même, certaines considérations méthodologiques s'imposent. Il faut :

Bon exemple ★

- Identifier « l'unité de traduction » (UT)

Exemples : *water lily = nénuphar*, pas *lys d'eau*;
to take advantage (of) = profiter (de), pas *prendre avantage*;
ancien combattant = veteran, pas *old fighter*.

- Bien vérifier le contexte

Exemple : Le nom *bouteille* traduit l'anglais *bottle*, n'est-ce pas?
Oui, s'il s'agit d'une bouteille d'eau ou de vin. Mais attention :
a (baby's) bottle = un *biberon*
a bottle (of perfume) = un *flacon*.

Exemple : *C'est un vieux fou = He's a crazy old man*
MAIS dans *Ça coûte un prix fou* et *J'ai eu un mal fou (à faire quelque chose)*, il vaut mieux traduire par *outrageous* (price) et *incredibly* (difficult).

> **Attention au « passage du particulier au général »** (*la généralisation*) : En anglais, on distingue entre *mother-in-law* et *step-mother*, alors que le seul terme *belle-mère* existe en français. Selon le contexte, le mot *papillon* traduit soit *moth*, soit *butterfly*. À l'inverse, le français distingue entre *une carte* (d'un pays, d'une région) et *un plan* (d'une ville, d'un campus), et aussi entre *une rivière* et *un fleuve* (celui-ci aboutit à la mer); par contre, l'anglais se contente d'utiliser les termes généraux *map* et *river*, respectivement. Il est donc très important de déterminer le référent et le contexte afin de choisir « le mot juste ».

- Respecter le niveau de langue

Exemple : *What a hunk!* (anglais familier). Il ne s'agit pas d'un « beau ténébreux », mais d'un *beau gars* (Canada) ou d'un *beau mec* (France);

- Tenir compte de la variété régionale

Exemple : *chick* – mot familier pour « jeune femme » en Amérique du Nord = *bird* en Angleterre; il peut se traduire par *nana* ou par *meuf* en France (selon l'âge et le milieu social du locuteur), mais pas au Canada français;

- Connaître les valeurs connotatives du mot

Exemple : *banlieue* se traduit normalement par *suburbs*, mais en France, lorsque ce mot évoque le contexte de « problèmes sociaux », il correspond beaucoup plus à *inner city / the projects* (il en est de même pour le mot *cité*).

Il est donc indispensable non seulement de se servir d'un bon dictionnaire bilingue, mais aussi de bien vérifier l'utilisation du terme dans un bon dictionnaire *unilingue*. S'il s'agit d'un texte technique, la méthode de recherche terminologique doit être d'autant plus critique. Scarpa (p. 355, citant Benis, p. 22) souligne l'importance de la triade *recherche-choix-vérification*; afin d'effectuer l'étape *vérification*, il vaut mieux consulter des documents dans le domaine de spécialisation en question qui sont rédigés dans la langue d'arrivée.

Mot général, mot spécialisé? Pour qui traduit-on?

Dans son article intitulé « En traduisant, faut-il toujours être précis? », la linguiste Henriette Walter souligne l'importance de savoir si une traduction cible un public spécialisé ou non spécialisé; parfois, le « mot juste » serait incompris de ce dernier. Par exemple, la langue française distingue couramment entre un *pingouin* (animal de l'hémisphère nord qui nage et qui vole) et un *manchot* (animal de l'hémisphère sud qui nage, mais ne peut pas voler). Bien qu'il existe le mot anglais *auk* pour désigner ce premier type d'animal, la grande majorité des anglophones utilisent communément *penguin* dans les deux cas. (Et vous? Avez-vous déjà entendu parler d'un *auk*?) Parfois, la LA ne fait tout simplement pas de distinction entre deux référents; par exemple, la *mouette* (petit oiseau marin) et le *goéland* se nomment tous les deux *seagull* en anglais; le *dromadaire* (une seule bosse) et le *chameau* (deux bosses) se traduisent tous les deux par *camel*. Par contre, si le français se contente des mots *mouton*, *veau* et *porc*, la langue anglaise tient à souligner la différence entre l'animal dans le champ (*sheep*, *calf*, *pig*) et la viande dans l'assiette (*mutton*, *veal*, *pork*). De même, l'espagnol distingue entre un poisson vivant (*pez*) et un poisson qui se mange (*pescado*). Ce sont tous des exemples de **généralisation** (on passe d'un mot spécifique dans une langue à un mot plus général dans l'autre).

Exercice I.4

Vérifiez les définitions de *quartier* et *quarter* dans un dictionnaire bilingue.

1. Traduisez en français :

   a) Interest rates are expected to rise this quarter.

   _____

   b) The refugees are living in cramped quarters.

   _____

   c) She cut the orange into quarters.

   _____

2. Canadienne anglaise d'origine, Nancy Huston écrit en français, puis traduit elle-même ses œuvres en anglais. Lisez les extraits suivants de son roman *L'empreinte de l'ange*. Dans le TA, l'auteure a recours à différentes solutions pour traduire le mot *quartier*. Selon vous, laquelle convient le mieux dans chaque cas : *quarter / neighbourhood / area / district / the streets around / from one end of the street to the other?*

   a) « dans le *quartier* du Marais [...] Plusieurs amis d'Andras sont chassés du *quartier* de cette façon [...] Le Marais se civilise, s'embellit et s'embourgeoise, rejetant ses pauvres vers des arrondissements excentriques, bientôt les banlieues. » (p. 293-294)

   _____

   b) « Tout le *quartier* est ceinturé, les rues désertes, l'atmosphère de plomb. » (p. 165)

   _____

   c) « Instinctivement, ils évitent le *quartier* de Saint-Lazare et toute la rive gauche. » (p. 183)

   _____

d) « Quant à Emil, choyé, caressé, flatté par des dizaines de mains et de voix étrangères, le *quartier* a vite fait de le baptiser Prince-de-Sicile. » (p. 213)

_____

e) « Errant dans les petites rues de Charonnes, un *quartier* qu'ils connaissent mal [...] ils débouchent par hasard sur la place Saint-Blaise. » (p. 242)

_____

Exercice I.5

Vérifiez les différentes traductions des mots TIME et PLACE, puis traduisez :

1. Yeah, I know that place. We had a great time there last summer.

_____

2. This painting dates from the time of Napoleon.

_____

3. If you're not there on time, I'll try to save you a place.

_____

4. The next time, we should meet at my place.

_____

5. If you could remember to put things back in their place, you'd save a lot of time...

_____

6. His brother's doing time down in Florida for embezzlement.

_____

7. The author plays with traditional notions of time and place.

_____

Exercice I.6

« SMOKING » – Quel est le mot juste? Traduisez les phrases suivantes :

1. Smoking is prohibited in public buildings in Canada.

   _____

2. Her students were smoking outside in the cold. (They should quit!)

   _____

3. Everyone knows smoking is harmful to your health.

   _____

4. Smoking remains the cause of many premature deaths.

   _____

5. There are no longer smoking sections in restaurants.

   _____

6. Her research studies the smoking behaviour of young Canadian women.

   _____

7. We don't have a smoking gun, but we have our suspicions.

   _____

Exercice I.7

« ISSUE » – Quel est le mot juste? (Utilisez votre *Collins-Robert*.)

1. It's a very complex issue.

   _____

2. He's got issues with his parents.

   _____

3. Her political career is at issue.

   _____

4. Don't make such an issue about it!

   _____

5. The article raises several new issues.

   _____

6. The opposition party takes issue with the government's immigration policy.

   _____

7. Tickets were issued to all members.

   _____

8. Stamps commemorating Quebec City's 400-year anniversary have been issued.

   _____

9. The celebrity couple issued a statement denying rumours of another adoption.

   _____

10. What is the date of issue of your passport?

    _____

Exercice I.8

« FAN » – Quel est le mot juste? (*éventail? ventilateur? passionné? admirateur? mordu?* les **emprunts** *supporter* ou *fan?* ou bien faut-il un verbe...?)

1. They don't have air conditioning, so they bought a fan for the bedroom.

   _____

2. We're ardent Habs fans, and are convinced they'll win the Stanley Cup this year.

   _____

3. He's not a big fan of sushi; he prefers a good steak.

   _____

4. This singer is in her seventies, and still has many fans.

   _____

5. Movie fans are rejoicing: the Cannes film festival begins today.

   _____

6. She brought me an exquisite hand-painted fan back from Japan.

   _____

7. They fanned the embers and then added a few more logs to the campfire.

   _____

Exercice I.9

« SIZE » – Quel est le mot juste?

1. She brought* a dress you can borrow. It's a size 4.

   _____

2. I can't accept any more students because of the size of the classroom.

   _____

3. (in a shoe store) "May I help you? What size are you looking for?" "I'm a size 6."

   _____

4. The peas are then sorted according to size.

   _____

5. Don't forget to pick up a bag of rice. The small size will do.

   _____

6. Have you seen the size of his hands?

   _____

7. My waist size isn't what it used to be...

   _____

8. Yep, that's about the size of it!

   _____

9. He's about your size. Perhaps a bit taller.

   _____

10. I can't believe the size of his property. It brings* us right down to the river!

   _____

*Attention au « mot juste »! S'agit-il de *mener / (r)amener / porter / apporter / emporter...*?

Exercice I.10

Traduire « AVAILABLE »

Lisez attentivement les définitions et les exemples ci-dessous :
available (selon *Oxford*) = Capable of being used, at one's disposal, within one's reach
disponible (selon *Le Petit Robert*) =

1. (choses) Dont on peut disposer – libre
   Nous avons deux places disponibles / un appartement disponible

2. (personnes) Qui peut disposer librement de son temps
   Je suis totalement disponible / disponible pour écouter ses amis

   Exemples de *Collins-Robert* :
   He is not available = Il n'est pas disponible.
   Available in all good bookshops = On peut le trouver
   They are becoming available = font leur apparition
   The next available flight = le prochain vol
   Benefits available to employees = avantages dont ils peuvent profiter
   Information available to patients = à la disposition des patients
   Y a-t-il des places disponibles? = Are there any seats available?
   Je ne suis pas disponible ce soir = I'm not free...
   Elle est toujours disponible = She's always (ou still) ready/available to help

Traduisez les phrases suivantes :

1. Free tickets are available at the front desk.

   _____

2. This car is available with a sun roof.

   _____

3. We would like access to all available documents.

   _____

4. This book is available in all good bookstores.

_____

5. The following products are no longer available.

_____

6. Income tax forms are available online and in most post offices.

_____

7. Ferry service will be available to the island in 2020.

_____

Comparez maintenant vos traductions avec les exemples ci-dessous. Avez-vous su éviter les pièges cités par Delisle (p. 170-172)?

En somme, appliqué aux PERSONNES, s'il a le sens d'ACCESSIBLE, *available* ne se traduit pas par *disponible*. Appliqué aux CHOSES, s'il a le sens de QU'ON PEUT SE PROCURER, *available* ne se traduit pas par *disponible*. Exemples d'emplois incorrects, accompagnés de formulations admises :

- *Des billets gratuits sont disponibles à la réception. (= On peut se procurer...)*
- *Cette voiture est disponible (= offerte) avec toit ouvrant.*
- *Nous aimerions avoir accès à toute la documentation disponible (= existante).*
- *Ce livre est disponible (= en vente) dans toutes les bonnes librairies.*
- *Des formulaires de demande de passeport sont disponibles (= à la disposition du public) dans les bureaux de poste. [ou On peut se procurer des...]*
- *Les produits suivants ne sont plus disponibles (= sont épuisés). [ou en rupture de stock]*
- *Dans la plupart de ces villes, le métro ne sera pas disponible avant l'an 2000. (= La plupart de ces villes ne seront pas dotées d'un métro avant l'an 2000.)*

Exercice I.11

Traduire « TO DEVELOP »

Le verbe anglais *to develop* trouve ses origines dans le français *développer*, mais pose un problème de traduction, parce que l'usage ne se recoupe pas parfaitement dans les deux langues. Les quatre sens possibles du verbe anglais sont (selon l'*OED*) :

1. *become or make larger or more advanced*;
2. *start to exist, experience or possess*;
3. *convert (land) to a new purpose*;
4. *treat (a photographic film) with chemicals to produce a new image.*

Selon *Le Petit Robert* (2015), le verbe *développer* (v. tr.) peut signifier :

1. *enlever ce qui enveloppe qqch. (déballer);*
2. *étendre ce qui est plié (dérouler);*
3. *faire croître, élargir, agrandir (ex. les muscles, l'intelligence, une industrie, une économie);*
4. *exposer en détail, étendre en donnant plus de détails (ex. un argument);*
5. *assurer la conception et la fabrication de qqch. (ex. un nouveau produit).*

Le dictionnaire en reconnaît également certains usages spécialisés : par exemple, l'on peut *développer* une expression algébrique (effectuer les opérations indiquées) ou une formule chimique. Les photographes *développent* des clichés, des pellicules. En informatique, on *développe* un logiciel. Le troisième sens du verbe anglais (*to develop land*) n'existe pas en français. Dans ce contexte, il faudrait dire plutôt *aménager* un terrain ou *construire* (*bâtir*) *sur* un terrain.

ATTENTION! Le *Multidictionnaire* signale également un certain nombre d'usages fautifs, par **interférence** de l'anglais *develop*, si l'on utilise *développer* au sens de *créer*, *concevoir*, *inventer* ou encore au sens d'*établir* (par ex., on ne *développe* pas des relations, on les *établit*). Tout comme le *Collins-Robert*, le *Multidictionnaire* proscrit les usages suivants : *to develop a taste = acquérir un goût*; *to develop a talent = faire preuve de talent*; *to* *develop a tendency = manifester une tendance (à).* Le *Collins-Robert* ajoute les traductions suivantes : *to develop symptoms = présenter*; *to develop a disease = contracter.* Il faut se méfier également de certains usages intransitifs du verbe anglais. Selon le *Collins-Robert*, il faut dire qu'une amitié *s'établit*, qu'un événement (ou une situation) *se produit* et qu'une maladie *se déclare*. Par contre, le dictionnaire *Larousse* précise bien l'usage du terme *développer une maladie* (« être dans la phase où celle-ci s'installe en croissant »).

Traduisez :

1. After the accident, he developed back problems and has developed a tendency to limp.

_____

2. New developments in this case seem to support the prosecutor's theory.

_____

3. Scientists have developed a new flu vaccine which will soon be made available to the public.

_____

4. An unlikely friendship developed between the two men.

_____

5. During their time in France, the students' language abilities developed significantly.

_____

D. Quelques différences entre l'anglais et le français

1. Facteurs métalinguistiques

Rappelons que, selon la théorie Sapir-Whorf, la manière de concevoir le monde et d'en parler est influencée par les contraintes linguistiques de la langue que l'on parle. En revanche, il est également possible de constater que chaque communauté linguistique utilise sa langue – et crée son lexique – afin de décrire son propre univers. Ainsi, dans un pays nordique, l'on constate une abondance de termes pour nommer les réalités de l'hiver (y compris de fines distinctions entre les différents types de précipitation). Dans la société antillaise, où l'esclavage et la colonisation par les *Blancs* ont créé une hiérarchie sociale fondée sur la couleur de la peau, il existe toute une gamme de teintes et de nuances, du noir au blanc en passant par *mulâtre*, *câpre* et *chabin*. Au Québec, où l'Église catholique a longtemps occupé une place importante et exercé une influence considérable sur l'évolution de la société, un lexique impressionnant de jurons ou « sacres » s'est inspiré de cette religion ainsi que de nombreux **néologismes** (par ex., les verbes *câlisser*, *crisser*) et d'**euphémismes** (par ex., *câline* pour *calice*; *tabarouette* pour *tabarnak*). Par contraste, les « gros mots » pour un anglophone – ou pour un Français – s'inspirent de parties génitales et d'actes sexuels. (Pourquoi, à votre avis?)

En somme, l'histoire, la psychologie et la réalité d'une communauté linguistique se reflètent dans sa langue.

> **Exemple :** Qu'est-ce que ces panneaux routiers nous révèlent sur la mentalité des communautés linguistiques en question? Lesquels semblent plus : autoritaires / flegmatiques / abstraits / explicatifs...?

- *Please try to focus on your driving; avoid use of cellphones.* (autoroute 401, Toronto, 2008)
- *L'utilisation de téléphones portables est strictement interdite.* (autoroute française)
- *No texting or dialing / Textos interdits* (ON, 2016) / *À deux doigts de la mort* (QC, 2016)
- *Please keep off grass* (parc torontois) / *Interdit de marcher sur la pelouse* (parc parisien)
- *No parking (smoking/dumping) / Défense de stationner (fumer/déposer des ordures)*
- *Caution: Animal crossing* (AB) / *Les animaux ne sont pas toujours sur les panneaux* (QC)

- *Slippery when wet / Chaussée glissante*
- *Slow: Children playing* (ON) / *Ce pourrait être... le vôtre* (QC)
- *Drive alert. Arrive alive* (USA) / *Mort de fatigue? Arrêtez-vous avant* (QC)
- *Les autoroutes ne sont pas des pistes de course* (QC)
- *Speeding costs money* (ON) / *La vitesse est coûteuse* (ON)

Note : Le panneau *Stop*, utilisé dans de nombreux pays partout au monde, a été remplacé au Québec, en 1982, par le panneau *Arrêt*. (Au Nouveau-Brunswick et à Ottawa, ce panneau octogonal porte les deux mots.) On y a adopté également le panneau *Stationnement* et non *Parking* (ou simplement *P*) qui est employé en France. À votre avis, quels facteurs métalinguistiques ont influencé ces choix?

Source : iStockphoto.com/PhilAugustavo

2. « Langue populaire » ou « langue savante »?

Comment dit-on en français *oil sands / eye witness / wind chill / moth balls / bird flu / hair products / music lover / drinking water / tear gas / green roofs / black out curtain*?

_____

_____

_____

Comment dit-on en anglais *otorhinolaryngologiste / calvitie / cystite / otite / rhinite / conjonctivite / cécité / papilles gustatives / myopie / urticaire / cérumen / comédons*? (De quoi parle-t-il, ce médecin français?!)

_____

_____

_____

Même dans son usage courant, le français, fidèle à ses origines gréco-latines, tend vers l'abstrait et témoigne d'un grand souci du « mot juste ». Par contraste, l'anglais préfère utiliser des termes « explicatifs », « concrets », à la portée de tout le monde. (Cela dit, plus le style du texte est technique ou scientifique, plus l'anglais renvoie lui aussi aux racines classiques, par exemple les termes médicaux *cystitis, conjunctivitis, myopia, infarctus*, etc.) Dans sa discussion de la nature « explicative » de l'anglais, Nigel Armstrong (p. 62-63) décrit la tendance (*synthesising*) du français à créer des mots complexes à l'aide d'affixes. Ces constructions lexicales posent des difficultés au traducteur et nécessitent souvent une périphrase explicative en anglais.

Exemples :
présidentiable (Elle est devenue présidentiable) = a potential candidate for presidency
la sensibilisation = raising awareness
la relativisation = putting into perspective

l'imprévisibilité = unforeseeable nature
la fidélisation = development/maintenance of customer loyalty

Quels autres exemples pouvez-vous trouver de la nature « savante » du français, ou de la nature « populaire » de l'anglais?

_____

_____

_____

_____

3. Le déictique anglais et la syntaxe linéaire

La langue anglaise étant moins abstraite et se situant sur *le plan du réel*, elle est aussi plus **déictique** (du grec *deixis* = désignation). Ainsi, les nombreuses occurrences des démonstratifs *this* et *that* qui caractérisent un texte anglais se traduisent très rarement en français par *ceci* ou par *cela*.

> **Exemples** (inspirés par Lavallée, p. 188) :
> This is Wednesday the 15th. = Nous sommes le mercredi 15.
> This is COOL FM. = Vous êtes à l'antenne de COOL FM.
> This is 888-8888. = Vous êtes au... Vous avez composé le...
> This is the L-F residence. = Vous êtes bien chez les L-F.
> This is so and so... = Je vous/te présente...
> This is to inform you... = Nous vous informons par la présente...
> This document/study = Le présent document / La présente étude...
> The overall objective of this research... = L'objectif général de la recherche <u>décrite ici</u>...
> This research was born out of... = L'étude <u>rapportée ici</u> a été mise en œuvre...
> This audit does not... = La vérification <u>dont rend compte le présent rapport</u> ne...

Note : Pour traduire le *déictique* anglais, il s'agit de faire des **étoffements** (des ajouts, des **amplifications**) en français. Nous reviendrons à cette technique de traduction dans la Partie II.

Les origines « populaires » de l'anglais pourraient expliquer la préférence de cette langue pour l'ordre syntaxique habituel *Sujet + Verbe + Complément d'objet direct + Complément d'objet indirect + Complément circonstanciel.* Par contraste, le français en dévie beaucoup plus souvent à l'aide de techniques stylistiques comme l'inversion sujet-verbe, l'incise et l'**antéposition**.

Considérons les exemples suivants :

Syntaxe habituelle

> *These children* (s) *will present* (v) *flowers* (COD) *to the new Prime Minister* (COI) *at the opening ceremony* (CC). = *Ces enfants* (s) *présenteront* (v) *des fleurs* (COD) *au nouveau premier ministre* (COI) *lors de la cérémonie d'ouverture* (CC).

Remarquez qu'en anglais l'objet direct (COD) suit immédiatement le verbe, ce qui n'est pas nécessairement le cas en français. Lorsque le COD est plus long que le COI, il est préférable de le placer après : *Ces enfants présenteront <u>au premier ministre</u> (COI) <u>des cadeaux de bienvenue</u> (COD) lors de la cérémonie d'ouverture.*

Antéposition

Cette technique stylistique place le complément circonstanciel en tête de phrase :

> *At the opening ceremony, these children will present flowers to the new Prime Minister.* = *Lors de la cérémonie d'ouverture, ces enfants présenteront des fleurs au nouveau premier ministre.*

Soulignons toutefois que l'antéposition est beaucoup plus fréquente en français qu'en anglais. (Nous y reviendrons dans la Partie III–A. Le texte journalistique.)

Incise

> *Ces enfants présenteront, lors de la cérémonie d'ouverture, des cadeaux de bienvenue au nouveau premier ministre.*

L'incise fonctionne bien en français, mais paraît maladroite dans la phrase anglaise :

> *These children will present, at the opening ceremony, gifts of welcome to the new Prime Minister. (?)*

Comme le souligne Hiernaud (p. 33), l'incise est parfois impossible en anglais :

Elle lisait souvent, assise près de la fenêtre, ses lettres d'amour.
She would often read her love letters, sitting by the window.

Inversion sujet-verbe

Cette technique stylistique est fréquemment utilisée en français (mais pas en anglais) :

Dans le bureau du maire torontois (CC) *règne* (V) *un froid polaire* (S). =
A polar chill (S) *reigns* (V) *over the Toronto mayor's office* (CC).
(PAS : "Over the Toronto mayor's office reigns a polar chill.")

Mise en pratique

Identifiez dans la proposition subordonnée de la phrase ci-dessous les S, V, COD, COI, CC :

J'aime la lumière quand pareille aux bouches sensuelles des modèles de
Renoir elle donne au travers de l'olivier à la pelouse mille baisers.
—Claude Cambour, peintre (écriteau à l'entrée de son atelier à Giverny, France)

_____

_____

_____

Mentionnons brièvement ici une troisième différence importante sur laquelle nous reviendrons dans la Partie III (voir aussi *Grammaire comparée J*), soit la préférence de l'anglais pour *la juxtaposition* et *la coordination* des idées contre celle du français pour *l'articulation* et *la subordination*. Comme l'explique Delisle (p. 431; exemple p. 434) :

Un texte anglais bien rédigé est tout aussi cohérent qu'un texte français bien rédigé, cela va de soi. C'est la façon de camper ses idées et de les enchaîner les unes aux autres qui varie d'une langue à l'autre. Les langues diffèrent par le lexique et la syntaxe, mais aussi par la façon d'exposer et d'agencer les idées. Il n'est pas rare que des énoncés juxtaposés ou coordonnés en anglais soient mieux traduits s'ils sont subordonnés en français. [...]

[Par exemple :]

Present two bonus coupons *and* you will receive free your choice of 2-AA batteries, 2-C batteries or 2-D batteries. [Coordination] = *Sur présentation* de deux coupons-primes, vous recevrez gratuitement, au choix, deux piles de format AA, C ou D. [Subordination]

Maintenant que vous avez acquis les notions de base nécessaires à l'étude de la traduction, nous sommes prêts à aborder les procédés et les stratégies qui permettent de transposer un texte (TD) dans une autre langue (TA).

Exercice I.12

Traduisez en anglais les textes suivants, en tenant compte des notions théoriques présentées dans la Partie I.

1. **La vie en kaki**

   Incapables de discerner certaines couleurs, les daltoniens peuvent cependant distinguer une vaste gamme de tons kaki. Cela ferait d'eux d'excellents soldats ou chasseurs, car ils ne se laissent pas leurrer par les artifices du camouflage ou du mimétisme animal. Des biologistes des universités de Cambridge et de Newcastle upon Tyne, en Angleterre, ont émis l'hypothèse que le daltonisme pouvait être un héritage de l'époque reculée où l'homme devait repérer les prédateurs ou trouver sa nourriture parmi les branches et les feuilles des arbres. (*L'actualité*, 15/04/2006, p. 17)

2. **La roue du bonheur**

   Après les patins à roulettes et la trottinette, c'est au tour du monocycle de se faufiler dans les rues européennes. Moyen ludique, sportif et écologique de se déplacer, le monocycle a par ailleurs fait l'objet, dans les pays asiatiques, d'études sérieuses qui ont conclu à ses bienfaits sur le développement tant physique que mental. Au Japon, le ministère de l'Éducation nationale a même intégré sa pratique au programme scolaire d'éducation physique. (*L'actualité*, 15/04/2006, p. 17)

3. **À quoi servent les empreintes digitales?**

   Important : En traduisant le passage ci-dessous, tenez bien compte du public ciblé (*Pour qui traduit-on?*). Sur le plan grammatical, portez une attention particulière à l'utilisation des déterminants en anglais (voir *Grammaire comparée A*).

   Ces minuscules sillons au bout de tes doigts sont très utiles. Si tu n'avais pas d'empreintes, tes doigts glisseraient sur les objets et tu aurais du mal à les attraper!
   Ces empreintes sont uniques : même les jumeaux identiques n'ont pas les mêmes. Pratique pour identifier des coupables! Et sur un lieu de crime, les empreintes peuvent rester très longtemps : jusqu'à 40 ans sur du papier ou du bois, et quelques années sur du verre, du métal ou du plastique.

On retrouve aussi des empreintes sur les tableaux, comme ceux de Léonard de Vinci : il utilisait ses doigts pour diluer les couleurs avec sa salive. En recherchant des empreintes sur ses œuvres, on s'assure qu'il en est bien l'auteur!

(*L'Express* du 2 au 8 déc. 2008, dans la rubrique « Les Débrouillards »)

Notes

1. Le genre masculin (*traducteur*) est utilisé dans ce manuel sans aucune discrimination et dans le seul but d'alléger le texte.

2. Les linguistes préfèrent ne pas qualifier un niveau de langue comme étant plus *correct* qu'un autre, mais il est clair que plus on a de l'instruction, mieux on arrive à maîtriser le niveau soutenu. À l'inverse, les locuteurs élevés dans un milieu défavorisé comprennent et utilisent plus facilement le vocabulaire et la morphosyntaxe du parler populaire.

PROCÉDÉS ET STRATÉGIES DE TRADUCTION

Dans cette deuxième partie du manuel, nous abordons les différentes techniques de traduction, et notamment les sept procédés selon Vinay et Darbelnet, en commençant par les trois procédés les plus faciles, ceux de la traduction directe.

A. La traduction littérale

Rappelons que la traduction « mot à mot » (ou **interlinéaire**) est à proscrire; néanmoins, il est parfois possible d'avoir recours à une traduction littérale, où chaque unité de traduction (UT) du TD est rendue de façon linéaire par une UT équivalente en LA. Par exemple :

I drink two cups of tea each morning. = *Je bois deux tasses de thé chaque matin.*
(UT : 1   2   3   4   5 6   7   8   1 2   3   4   5 6   7   8)

	The	orchids	in	her	greenhouse	are	gorgeous.
=	*Les*	*orchidées*	*dans*	*sa*	*serre*	*sont*	*spectaculaires.*
	1	2	3	4	5	6	7

Traductions faciles, n'est-ce pas? Mais attention! Ce type de solution s'avère l'exception, plutôt que la règle. C'est le principe de la traduction automatique, qui aboutit souvent à des résultats catastrophiques. Par exemple :

I am pleased to be here = « Je suis plu d'être ici » [sic] (Quelle est la bonne traduction?)
Out of sight, out of mind = « Invisible, fou » [sic] (Que dit-on en français ici?)

Considérons cet exemple de Hervey et Higgins (p. 16*)* :

Je persiste à croire qu'elle n'avait pas tort de le dire.

En voici une traduction « mot à mot » et évidemment inacceptable :

I persist to think that she not had no wrong to say it. (traduction interlinéaire)

On pourrait l'adapter à la grammaire anglaise :

I persist in thinking that she wasn't wrong to say it. (traduction littérale)

Mais il serait préférable d'effectuer une transposition grammaticale (un procédé indirect) :

I still think she wasn't wrong to say it. (traduction fidèle)

Et encore mieux :

I still don't think she was wrong to say it. (traduction équilibrée)

Cette dernière solution se trouve entre une traduction (trop) colorée par la langue de départ et celle (trop) contrainte par la langue d'arrivée. La traduction plus idiomatique, *I still think she hit the nail on the head,* ne respecte pas le niveau de langue de la phrase française; il en est de même pour la traduction libre proposée par Hervey et Higgins : *No way should she retract.*

De la même manière, **la traduction interlinéaire** de l'énoncé *Il me semble que oui* (*It me seems that yes*) est inacceptable. Et même si on l'adapte à la grammaire anglaise (*It seems to me yes*) comme traduction littérale, le résultat n'est guère mieux. Quelle en serait la traduction fidèle, idiomatique?

Note : Même une traduction directe peut poser des pièges d'ordre linguistique. (Voir *Grammaire comparée A – Les articles.*)

Exercice II.1

Prenons l'exemple du passage suivant, soumis à un service de traduction automatique :

TD

When you bring your vehicle in for this visit, your Service Advisor will be happy to look into your Service History to see if any additional work may now be required, or if there are any *specials* that you might be able to take advantage of.

TA

Quand vous apportez votre véhicule dedans pour cette visite, votre conseiller de service sera heureux d'examiner votre histoire de service pour voir si n'importe quel travail additionnel peut maintenant être exigé, ou s'il y a des *specials* que vous pourriez pouvoir tirer profit. [sic]

a) Expliquez pourquoi la traduction littérale a mené à une mauvaise solution dans ce cas.

_____

b) Proposez une meilleure traduction.

_____

_____

_____

_____

_____

B. L'emprunt

> *Bons comme un camion.*
> La mode du food truck n'en finit pas de séduire. À bord de leurs camionnettes relookées, les nouvelles idoles de la cuisine de rue version gourmet écument la capitale. Cinq musts du moment… à pister sur les réseaux sociaux.
>
> *Keep on trucking!*
> The appetite for food trucks shows no sign of flagging. On board their revamped vans, the new idols of quality gourmet street food are scouring the streets of the capital. We visit five of the hottest…and you can follow them on social networks.
>
> (Harnam, dans *Aéroports de Paris Lifestyle*, mai 2013, p. 50.)

1. Pourquoi emprunter?

Toutes les langues s'enrichissent en adoptant un certain nombre de mots étrangers. Souvent, on emprunte au moment où l'autre culture jouit d'une réputation privilégiée. C'est pour cette raison que l'anglais et le français comptent dans leur lexique de nombreux emprunts à l'italien dans les domaines de l'architecture et de la musique, et plusieurs termes de mathématiques ont été empruntés à l'arabe. La France connaît actuellement une période d'américanisation marquée, où des emprunts à l'anglo-américain sont devenus très à la mode dans le domaine commercial (par ex., le *packaging*, la version *snacking*, Carrefour *Market*™, Intermarché *Drive*™); ces termes s'ajoutent à une longue liste d'emprunts dans les domaines du cinéma et de la technologie.

   Dressez une liste de vocables et d'expressions que l'anglais a empruntés au français. Que remarquez-vous?

_____

_____

_____

_____

En traduction on utilise l'emprunt :

a) Pour combler une lacune

Lorsque la notion ou la réalité n'existe pas dans la LA, on fait un emprunt pour les raisons du message (par exemple, *Halloween*, *Thanksgiving* pour des lecteurs européens). Parfois il s'agit d'un nouveau référent : *le télémarketing*, *le fax*, *le software*, *un smartphone*, *le spam*. Notez que les emprunts peuvent être naturalisés dans la langue d'arrivée, comme dans l'exemple suivant : Elle a *interviewé* un journaliste célèbre et un *blogueur*.

L'Office québécois de la langue française (l'OQLF) a vite trouvé des solutions à certains emprunts techniques en créant des néologismes, par exemple : *télécopie (fax)* / *logiciel (software)* / *courriel (email)* / *pourriel (spam)* / *téléavertisseur (pager)* / *clavarder*, *clavardage (chat)* / *hameçonnage (phishing)* / *baladodiffusion (podcast)*, etc. Or, les mots anglais « empruntés avec la chose » persistent partout dans la francophonie. (Il suffit de penser aux reportages lors des derniers Jeux olympiques : *le photo-finish*.)

Notamment, le français compte maints emprunts terminant en *-ing*; ceux-ci s'insèrent dans la langue par l'intermédiaire de deux structures différentes (voir l'article de Farge) :

1. *faire du -ing* + nom non comptable (il s'agit surtout d'activités sportives et de loisirs) : *bodybuilding*, *camping*, *canyoning*, *cocooning*, *rafting*, *shopping* (au Canada, on préfère le néologisme *faire du magasinage*) et plus récemment *couch surfing*, *Facebooking*, etc. (Signalons qu'en 2014 l'OQLF a proposé le terme *vapotage* pour *vaping*.)

2. *faire un -ing* + nom comptable : *briefing*, *meeting*, *listing*, *brainstorming*, *brushing*, *lifting*, *peeling*, *piercing*, etc. (d'autres?)

En 2013, l'OED (*Oxford English Dictionary*) reconnaît officiellement le mot *selfie*; l'emprunt est accepté la même année dans *Le Petit Robert*. En revanche, l'OQLF a rapidement proposé le néologisme *égoportrait* et, en 2015, le terme *perche à égoportrait* (*selfie stick*).

---

b) Pour des raisons stylistiques

L'emprunt permet d'évoquer l'ambiance désirée afin d'accorder une certaine authenticité au texte. On le voit en publicité (par ex., Georges Clooney pour le café Nescafé : « *What else?* ») et en traduction littéraire.

Exemple : Imaginez la phrase suivante formulée pour créer de la couleur locale :

« Au cœur du *Far West*, un *cow-boy* boit sa *root beer*, pendant qu'un autre sirote son *bourbon* et fume ses *Pall Mall* dans un *saloon* à quelques *miles* du *ranch*. » (?)

Il ne faudrait pas en abuser, mais comme le souligne Tatilon (1989, p. 26-27), tous ces emprunts figurent dans la traduction du roman *In Cold Blood* (*De sang-froid*) de Truman Capote.

Exemple : Nancy Huston a souvent recours à ce procédé dans *The Mark of the Angel*. Pourquoi, à votre avis, y lit-on : *seventeenth arrondissement*, *gratin Dauphinois*, *Madame Lepage*, *Rue* de Seine*, *Pont* des Arts*... et pourquoi les emprunts *pied noir* et *harkis*?
(* écrit avec majuscule dans le roman anglais)

_____

_____

_____

_____

2. Le cas des sigles et des acronymes

Comment traduit-on les *sigles* (abréviations où chaque lettre se prononce séparément) et les *acronymes* (abréviations qui se prononcent comme un mot)?

a) Lorsque la réalité désignée existe en LD et en LA, l'abréviation correspondante s'impose : MRI = IRM (sigles), NAFTA = ALENA (acronymes), UFO (sigle) = OVNI (acronyme). Signalons que l'anglais FAQ (*Frequently asked questions*) fonctionne à merveille en français (*Foire aux questions*)! Par contre, les jeunes francophones ont dû chercher plus loin afin de trouver un équivalent pour LOL (*laugh out loud*), soit MDR (*mort de rire*).

Parfois, l'équivalent en LA n'est ni un sigle ni un acronyme :
- HLM (habitation à loyer modéré) = low income housing;
- BS (au Québec; bien-être social) = welfare;
- BCBG (bon chic bon genre) = preppie;
- MIA (missing in action) = porté disparu.

b) Si le référent n'existe que dans la LD, il faut soit avoir recours à un emprunt (par ex., the CIA = « la CIA »; le TGV = « the TGV »), soit expliquer par périphrase : TGV = « France's high-speed train », CPE = « Quebec's government-run daycare centres », le SMIC (autrefois le SMIG) = France's minimum wage.

Doit-on / Peut-on traduire : *PDG*, *SDF*, *BTS*? Ou encore *TTC*, *RCMP*, *NASA*?

_____

_____

_____

Note : Certains sigles / acronymes en français sont devenus des noms communs : *les vécés* (terme utilisé en France pour désigner les toilettes) est dérivé de *W.C.* (de l'emprunt *water closet*). Ou encore *le cégep* (*Collège d'enseignement général et professionnel*), *le sida* (*syndrome d'immunodéficience acquise*), *les bédés* (de *bandes dessinées*), *une ZUP* (terme utilisé en France : *zone à urbaniser en priorité*)...

Exercice II.2

Traduisez les recettes suivantes à l'aide de la traduction littérale, lorsque possible, et des emprunts, lorsque ceux-ci s'imposent (recettes de l'auteure).

a) *Ratatouille* (ragoût aux légumes du Midi)

Ingrédients

1 grosse aubergine

2 gros oignons (rouges de préférence)

4 courgettes moyennes

4 gousses d'ail (écrasées)

3 ou 4 poivrons (de différentes couleurs)

4 belles tomates mûres, coupées en dés (ou une grosse boîte, variété italienne)

1 feuille de laurier

½ tasse d'huile d'olive

1 c. à soupe de sel

½ c. *à thé* d'herbes de Provence (*à café* en France)

une pincée de cayenne

2 c. à soupe de persil haché (et/ou du basilic frais)

poivre noir moulu au goût

Préparation

1. Lavez, épluchez partiellement l'aubergine, coupez en tranches épaisses, puis en dés. Étalez sur des serviettes de papier. Saupoudrez de sel. Laissez de côté.

2. Dans une grande casserole, faites revenir les oignons émincés ou tranchés mince dans de l'huile d'olive (de 3 à 4 minutes).

3. Pendant ce temps, lavez les courgettes, coupez-les en rondelles, puis ajoutez-les à la casserole.

4. Faites chauffer de l'huile dans une poêle, lavez les poivrons en retirant les graines, coupez-les en dés, puis faites revenir dans l'huile avec l'ail écrasé. Ajoutez le tout à la casserole.

5. Épongez les cubes d'aubergines et faites dorer dans la poêle avec de l'huile d'olive; ajoutez à la casserole.

6. Ajoutez à la casserole les tomates et les fines herbes. Salez, poivrez au goût.

7. Faites mijoter doucement à couvert pendant 30-40 minutes en remuant souvent.

8. Enlevez le couvercle et continuez la cuisson pendant 20-30 minutes, jusqu'à ce que les légumes soient tendres et que le liquide soit presque évaporé.

9. Laissez refroidir, puis réfrigérez.
10. Servez froid avec des olives noires ou réchauffez doucement.
    BON APPÉTIT!

Note : L'utilisation de la 2e p. pl. impératif se voit couramment dans les livres de recettes en France; cependant, l'infinitif semble être la norme au Québec. On peut donc utiliser les deux. Pour une discussion des utilisations de l'impératif et de l'infinitif, voir la section *Grammaire comparée B.* Voir aussi la section G (*Le faire causatif*).

b) *Madeleines*

Ingrédients (pour 16 madeleines)
2 gros œufs
150 g de sucre
250 g de farine
125 g de beurre doux* fondu
¾ c. à thé de poudre à pâte (en France, on suggère plutôt ½ *c. à café de levure chimique*)
zeste d'un citron ou d'une orange (ou parfumez avec une ½ c. à thé/café d'extrait de vanille)

Préparation
1. Préchauffez le four à 385 °F (= *Thermostat 7* en France).
2. Battez les œufs et le sucre jusqu'à ce que le mélange soit mousseux**.
3. Ajoutez à cette pâte le beurre fondu et la farine, puis le zeste***.
4. Beurrez les divisions du moule à madeleines et remplissez-les de pâte.
5. Mettez au four pendant de 8 à 10 minutes. Démoulez et laissez refroidir sur une grille.
6. Dégustez... en lisant du Proust! ☺

Notes
* Le *beurre doux* (par opposition au *beurre salé*) correspond à l'anglais *unsalted butter*. Au Canada français, on utilise couramment le terme *beurre non salé*. (C'est un exemple de calque.)
** L'expression *battre/monter en neige* conviendrait s'il s'agissait uniquement de blancs d'œufs. Dans ce cas, les œufs sont complets.
*** Mon truc : Appliquez le principe de « laisser reposer la pâte » (toute une nuit, si possible, au refrigérateur).

B. L'emprunt

Exercice II.3

Traduisez en portant une attention particulière aux sigles et aux acronymes. (Phrases de Valentine Watson Rodger, *Apprendre à traduire*, Ex. XXVIB, p. 216-218)

1. The WHO announced at the beginning of April that the SARS epidemic had affected some 3,000 people in about 15 countries and caused 60 deaths.

   _____

   _____

2. Watson, Crick and Wilkins shared the 1962 Nobel Prize in physiology and medicine for the discovery of the structure of DNA.

   _____

   _____

3. Travel agents frequently have to explain to their clients that the French railway system is much more modern and efficient than either VIA Rail or Amtrak.

   _____

   _____

4. Although the governments of most industrialized countries are in favour of them, GMO's may be dangerous to the environment and to human health.

   _____

   _____

5. More than eight million of the twenty-two million people with HIV or AIDS are women or girls, according to the WHO.

   _____

   _____

C. Le calque

Le **calque** est une sorte d'emprunt indirect. Nous parlerons ici de mots calqués *sur le sens* ou *la structure* d'une expression en anglais; certains sont d'usage courant et plus ou moins acceptés, d'autres sont condamnés comme « anglicismes ». (Voir à ce sujet Forest et Boudreau, *Dictionnaire des anglicismes : le Colpron*, et Parmentier, *Dictionnaire des expressions et tournures calquées sur l'anglais*.)

1. Calques de sens : au niveau sémantique

Par interférence, surtout en situation de bilinguisme, il arrive qu'on emprunte, à tort, le sens d'un mot dans l'autre langue; ainsi, un Canadien pourrait répondre *Bienvenue!* à quelqu'un qui le remercie (plutôt que *De rien, Je vous en prie*, etc.). Voilà un exemple de calque : on attribue au mot français *bienvenue* la valeur de l'anglais *You're welcome*. (Dans quel contexte *bienvenue* traduit-il l'anglais *welcome*?) Le problème se présente surtout lorsqu'un mot a une forme presque identique dans les deux langues; en tombant dans le piège des *faux amis*, on commet un anglicisme sémantique, un calque (une imitation) de sens. Cela veut dire qu'on prête au mot français le sens du mot anglais qui lui ressemble; par exemple, *définitivement* utilisé au sens anglais de *certainement* (*definitely*), alors qu'en français il veut dire *de façon permanente*. Le mot anglais *future* se traduit par *futur* lorsqu'il a une fonction adjectivale (par ex., *des générations futures*), mais il faut se méfier de l'interférence de l'anglais lorsqu'on utilise le nom *le futur*. Notamment, la traduction de *in the future* est *à l'avenir*; « au futur » serait un calque sémantique et « dans le futur » un calque à la fois de sens et de structure.

Prenons le cas des faux amis *abusif / abusive*. En français, l'adjectif signifie simplement un abus de pouvoir. Ainsi, «un congédiement abusif» est non justifié, «l'usage abusif» (par ex., d'un médicament) est excessif. Si on y prête le sens d'abus verbal ou physique, on calque le sens du mot anglais. Dans les exemples suivants, Armstrong (p. 79) propose d'éviter l'interférence du sens anglais : *les coups de téléphone abusifs* n'ont rien de violent, mais signalent *an abuse of telephone privileges*; *les parents abusifs* se traduit bien par *over-protective parents* (qui abusent de leur pouvoir en maintenant une trop grande dépendance affective).

En traduction, le recours à un calque *de sens* n'est jamais justifié, mais il peut s'avérer nécessaire – ou pratique – de traduire en calquant une *structure syntaxique* de la LD. Ce type de calque peut se présenter comme un procédé de traduction valable, et non comme un anglicisme (ou gallicisme) condamnable...

2. Calques de structure : au niveau morphosyntaxique

Dans *Le traducteur averti* (p. 82), Lavallée cite le cas de la structure anglaise « *for* + substantif ou gérondif » (par ex., *for review and approval*, *for discussion*, *for copying*, etc.) comme étant caractéristique du style concis (voire « sec ») des textes administratifs. En français, il est possible d'imiter cette formule, en supprimant l'article de la manière suivante : *pour examen et approbation*, *pour discussion*, *pour reproduction*; ce sont des calques tout à fait admissibles. Mais Lavallée souligne qu'un remaniement de la structure est souvent nécessaire afin de trouver une solution plus « élégante » et idiomatique en français. Ainsi, *for discussion* et *for review* pourraient se traduire de façon plus satisfaisante par *pour qu'on en discute* et *pour être étudié*. (Nous verrons plus loin que c'est souvent par de telles transpositions et étoffements qu'on y arrive.)

Un autre cas de calque syntaxique provient d'une juxtaposition de mots empruntée à la LD, par exemple : *to come out of the closet* = *sortir du placard*. Ce genre de calque peut servir de solution pour combler une lacune. Ainsi, *disque compact*, *lave-auto*, *lave-vaisselle*, *ligne de piquetage*, *ballon-panier*, *parents hélicoptère*, *économiseur d'écran* (au Canada; en France, on dit *écran de veille*), *fin de semaine* (au Canada; en France, on utilise l'emprunt *weekend*), *centre d'achat* (au Canada; en France, on utilise *centre commercial*), *téléphone intelligent*, *profilage racial*, etc. constituent de bonnes solutions pour traduire de nouvelles réalités et sont légitimes dans la LA. Cela dit, il est préférable d'utiliser une structure française, lorsque c'est possible : *téléconférence*, plutôt que *appel conférence*, par exemple. (Mais *chien chaud*, proposé par l'OQLF il y a une trentaine d'années, n'a jamais été tout à fait... digéré. Les Québécois préfèrent toujours l'emprunt *hotdog*.)

L'étiquetage d'un produit laitier Natrel^{MD} illustre bien le recours aux calques de structure pour des fins pratiques :

Best Before ----- Meilleur avant -----
NATREL
Lactose free – Sans lactose

You make my day
Tu fais ma journée

Exercice II.4

Corrigez les calques suivants :

1. Calques de sens (expliquez pourquoi)

   a) Cela me paraît une solution *sensible* au problème.

   _____

   b) Il faut *presser* le bouton.

   _____

   c) Je vais *introduire* monsieur X à madame Y.

   _____

   d) *L'admission* est gratuite.

   _____

   e) C'est vraiment *une belle place*, Charlevoix.

   _____

   f) C'est sans *préservatifs* (selon l'étiquette).

   _____

   g) Je me suis *enregistré* au cours.

   _____

   h) Il travaille dans la même *ligne* que vous.

   _____

   i) Les *caractères* principaux du roman sont des espions.

   _____

   j) As-tu une *prescription du docteur* pour ces pilules?

   _____

2. Calques de structure (expliquez pourquoi)

a) un bureau chef : _____

b) un aviseur légal : _____

c) un représentant des ventes : _____

d) les payeurs de taxes : _____

e) le bol de toilette : _____

f) une levée de fonds : _____

g) dû au mauvais temps : _____

h) à tous ceux qui sont intéressés dans les études françaises :

_____

i) afin d'accéder son courriel : _____

j) prendre pour acquis : _____

Exercice II.5

Corrigez les calques suivants en puisant dans la banque d'expressions ci-dessous. Pour chaque cas, indiquez l'expression anglaise qu'on a calquée. (Ces calques paraissent dans *Le Colpron*, de Forest et Boudreau.)

> ne pas prendre position / en état d'ébriété / dans de beaux draps / à l'écoute / de justesse / le cafard / se la couler douce / se froisser / forcer la main / dans la peau / dans l'ordre

1. *échapper par la peau des dents* (angl. : _____) = _____

2. *avoir les bleus* (angl. : _____) = _____

3. *rester sur la clôture* (angl. : _____) = _____

4. *être sous l'influence de l'alcool* (angl. :_____) =
   _____

5. *être sous contrôle* (angl. :_____) = _____

6. *prendre offense* (angl. :_____) = _____

7. *être sur la ligne* (angl. :_____) = _____

8. *prendre ça aisé* (angl. : _____) =_____

9. *tordre le bras de qqn.* (angl. : _____) =
   _____

10. *être dans les souliers de qqn.* (angl. : _____) =
    _____

3. Procédé de traduction ou cas d'interférence?

Quelles raisons historiques expliquent le grand nombre de mots qui se ressemblent en anglais et en français (« cognates »)?

À partir de 1066, pendant plus de 300 ans, les rois anglais parlèrent français. Selon des linguistes comme Henriette Walter, presque la moitié des mots anglais proviennent du français, ou du latin par l'intermédiaire du français. C'est ainsi que les textes scientifiques se caractérisent par de nombreux « bons amis », des mots abstraits partageant les mêmes origines classiques et ayant conservé le même sens. Parfois, l'anglais a emprunté un mot au français (par ex., *achieve > achever*), mais le sens du mot français a changé par la suite (*achever = terminer*), créant un cas de « faux amis ». Certains mots sont de « faux amis partiels » et ne sont de « bons amis » que dans des contextes restreints : *to confess one's sins* (to a priest) = *se confesser / confesser un péché*; toutefois, dans d'autres contextes (entre amis, par exemple), il faut *avouer*! (Pour une liste de « bons et faux amis », voir Walter, 2001, p. 103-145.)

C. Le calque

Exercice II.6

À titre d'exemple, examinez le passage ci-dessous. Effectivement, il est possible de traduire presque le tiers des mots à l'aide de *bons amis*. Lesquels? Traduisez le passage au complet, mais attention aux *faux amis*!

Functions play an important role in science. Frequently, one observes that one quantity is a function of another and then tries to find a formula to express this function. For example, before about 1590 there was no quantitative idea of temperature. Of course, people understood relative notions like warmer and cooler, and some absolute notions like boiling hot, freezing cold, or body temperature, but there was no numerical measure of temperature. It took the genius of Galileo to realize that the expansion of fluids as they warmed was the key to the measurement of temperature. He was the first to think of temperature as a function of fluid volume. (Armstrong, p. 28-29)

_____

_____

_____

_____

_____

_____

_____

_____

_____

_____

_____

Exercice II.7

1. Relevez dans le texte ci-dessous tous les *bons amis* et *faux amis* possibles.

UNIVERSITÉ DE MONTRÉAL

ISSUE DATE: SEPTEMBER 4, 2003

Established in 1878, the Université de Montréal is the second-largest centre for higher education and research in Canada, the largest in Quebec, and one of the largest in North America. And although it works closely with partners in more than 50 countries worldwide, this French-language university remains deeply rooted in the Montreal and Quebec environment. To mark the 125th anniversary of the establishment of Université de Montréal, Canada Post will issue a single domestic rate ($0.48) stamp, available to collectors in a booklet of 8.

HISTORY

After several decades of thwarted efforts and despite numerous requests, Monseigneur Ignace Bourget could not get authorization to establish an independent university in Montreal. Finally, on January 6, 1878, Université de Montréal opened its doors when the city's religious authorities were granted permission to establish a Catholic, French-language institution. Originally created as part of Université Laval, Université de Montréal gained independence in 1919. In 1943, the university opened a new campus, its main building boasting the famous tower designed by architect Ernest Cormier. Université de Montréal became a public, non-denominational institution on September 1, 1967. [...] (« Université de Montréal », Postes Canada, 2003)

Bons amis :

_____

_____

_____

_____

_____

Faux amis : (expliquez pourquoi)

_____

_____

_____

_____

2. Vérifiez vos réponses en examinant la version française ci-dessous (Postes Canada, 2003).

UNIVERSITÉ DE MONTRÉAL

DATE D'ÉMISSION : LE 4 DÉCEMBRE 2003

Fondée en 1878, l'Université de Montréal est aujourd'hui la deuxième maison d'enseignement supérieur et de recherche en importance au Canada, la première au Québec, et l'une des principales en Amérique du Nord. Institution francophone profondément enracinée dans les milieux montréalais et québécois, l'Université coopère étroitement avec des partenaires dans plus de 50 pays. À l'occasion du 125e anniversaire de la fondation de cette institution, Postes Canada émet un timbre imprimé au tarif du régime intérieur (48 cents), offert en carnet de huit.

SA FONDATION

Pendant plusieurs décennies jalonnées d'efforts contrecarrés et de nombreuses requêtes rejetées, l'évêque de Montréal, Mgr Ignace Bourget, se voit* refuser l'autorisation de fonder une université indépendante dans son diocèse. C'est finalement le 6 janvier 1878 que l'Université de Montréal ouvre* ses portes, après que les autorités religieuses de la ville eurent obtenu la permission de créer une institution catholique francophone. D'abord affiliée à l'Université Laval, elle obtient* son autonomie en 1919. L'Université se dote*, en 1943, d'un nouveau campus, dont l'édifice principal comporte une tour, désormais célèbre, conçue par l'architecte Ernest Cormier. Puis, le 1er septembre 1967, elle devient* un établissement public, non confessionnel. [...]

Note : *Ce sont des occurrences du présent historique (voir Grammaire comparée C).

Exercice II.8

Choisissez un synonyme pour les mots ci-dessous. (Attention aux *faux amis!*)

mourir / possiblement / être présent / affirmer / soudain / blesser / aider / réaliser / pervers / par la suite / empêcher / cruel / flexible / avertir / violent / terminer / insulter / entrer par effraction / feindre / lunatique

1. achever
2. assister
3. brutal
4. versatile
5. vicieux
6. éventuellement
7. injurier
8. prétendre
9. trépasser
10. prévenir

C. Le calque

Exercice II.9

Vrai ou faux? (Si *faux*, expliquez pourquoi.)

1. Les mots *comique* et *comédien* sont synonymes.

   _____

2. Les mots *lunatique* et *versatile* sont synonymes.

   _____

3. Les mots *rude* et *impoli* sont synonymes.

   _____

4. Les mots *achever* et *terminer* sont synonymes.

   _____

5. Les mots *effectivement* et *actuellement* sont synonymes.

   _____

6. Les mots *éventuellement* et *possiblement* sont synonymes.

   _____

7. Une *issue* est une question ou un problème.

   _____

8. Un *préservatif* est un agent de conservation.

   _____

9. *Les raisins* et *les prunes* sont des fruits secs.

   _____

10. Lorsqu'on a l'air *affecté*, on est touché, ému.

   _____

11. Lorsqu'on est *sympathique*, on est compatissant.

   _____

12. Lorsqu'on est *vicieux*, on est pervers.

   _____

Exercice II.10

Traduisez à l'aide de procédés directs :

Source : Randy Glasbergen (1998). « The Better Half », *Toronto Star*, 10/11/1998.

_____

_____

_____

_____

_____

_____

_____

_____

_____

_____

D. La transposition

La transposition constitue le premier des procédés de *traduction indirecte* (selon les principes de la stylistique comparée). Il s'agit d'effectuer *un changement de partie de discours*; par exemple, traduire un verbe par un nom, un adjectif par un adverbe, etc.

1. La nominalisation

Depuis Vinay et Darbelnet (*Stylistique comparée...*), les traducteurs sont nombreux à souligner la tendance du français à exprimer une idée par un substantif. Effectivement, le verbe anglais est souvent « transposé » en nom français. Ce type de transposition s'appelle une **nominalisation** (par ex., Aircraft *patrolled* = *Patrouille* aérienne).

> **Exemple :** (Air Canada)
> *Keep your seatbelt fastened until the signal light <u>goes out</u>.*
> *= Gardez votre ceinture attachée jusqu'à <u>l'extinction</u> du signal lumineux*.*
> (* Notez ici une deuxième transposition : le nom *light* devient l'adjectif *lumineux*.)

> **Exemple :** (panneau routier ontarien)
> *Please turn on headlights when <u>entering</u> tunnel.*
> *= Allumez vos phares à <u>l'entrée</u> du tunnel.*

> **Exemple :** (panneau routier québécois; phénomène inverse si l'anglais = TA)
> *Québec... vous souhaite <u>la bienvenue</u> = <u>welcomes</u> you* (le nom français devient verbe)

Source : Robert Estall/CORBIS

Exercice II.11

Traduisez en français à l'aide de <u>nominalisations</u>.

1. As soon as he gets back*...

   _____

2. As soon as he gets up...

   Dès son lever

3. Before we go back to school...

   Avant la rentrée scolaire

4. As soon as Parliament reconvenes...

   Dès la rentrée parlementaire

5. Before I was born*...

   Avant ma naissance

6. After she died*...

   Après sa mort

7. While I was gone*...
   Pendant / Durant
   Lors de mon absence

8. Two cars collided... La collision de deux voitures

   Deux voitures sont entrées en collision

9. (I'm) looking forward to meeting you.

   Au plaisir de

10. Thank you for listening.

    Merci de votre attention / écoute

Note : * Une nominalisation en anglais : *Upon his return / Before my birth / After her death / During my absence* signale un niveau de langue plus élevé qu'en français.

Cette préférence du français pour le substantif constitue une « règle d'or » en traduction, même si, comme pour toute règle, il existe des exceptions...

Voici quelques cas où la nominalisation se fait <u>en anglais</u> :

- Elle aime s'amuser/rire = She likes to have fun/a good laugh.
- Ça (ne) presse pas. = (There's) no rush/no hurry.
- On frappa à la porte. = There was a knock at the door.
- Ça ne répond pas. (au téléphone) = (?)

_____

- Vouloir, c'est pouvoir. = (?)

_____

Si le français préfère le substantif, l'anglais a plutôt recours à des structures verbales. À titre d'illustration, considérons quelques passages du roman *Inferno*, de Dan Brown. Quelles structures linguistiques permettent à l'anglais de décrire aussi vivement l'action de ces scènes?

a) She stepped in and he heaved upward. She skimmed up the side of the shaft, stuffing the bills in her teeth to free her hands as she strained to reach the lip. The man heaved, higher... higher... lifting her until her hands curled over the edge. (chap. 76, p. 336)

b) Then the doors exploded outward, and Langdon was launched into the night like a cork from a bottle of champagne. He stumbled across the sidewalk, nearly falling into the street. Behind him, a stream of humanity [...] was flowing up out of the earth like ants escaping from a poisoned anthill. (chap. 93, p. 418)

c) Sienna reached the arched portal and came up hard against the crowd. She snaked through the people, clawing her way inside. The moment she crossed the threshold, she stole a glance backward. [...] But she plunged into the sea of humanity and was gone. (chap. 95, p. 423-424)

Notez les nombreuses structures « verbe + particule (préposition ou postposition) », par exemple, *heave upward, skim up, curl over, explode outward, launch into, stumble across*, *flow up*, *snake through*, *plunge into*, etc. Examinez maintenant cet extrait de la traduction française du roman (p. 518-519). Traduisez-le en anglais (***back translation***).

> Soudain, Sienna prit son élan, sauta... et atterrit sur le pont arrière. Sentant l'impact, le pilote se retourna, stupéfait. Il coupa aussitôt les gaz. Visiblement furieux, l'homme s'avança vers Sienna. Quand il fut à sa portée, elle lui saisit le poignet et le fit basculer par-dessus bord. Le malheureux tomba à l'eau, tête la première [...].

_____

_____

_____

_____

_____

_____

Comparez maintenant votre traduction au texte original (p. 425-426) ci-dessous. Que remarquez-vous ?

> Sienna was suddenly airborne, leaping off the dock over the open water. She landed with a crash on the boat's fiberglass stern. Feeling the impact, the driver turned with an expression of disbelief on his face. He yanked back the throttle, idling the boat, which was now twenty yards from the dock. Yelling angrily, he marched back toward his unwanted passenger.
>
>   As the driver advanced on her, Sienna effortlessly stepped aside, seizing the man's wrist and using his own momentum to launch him up and over the stern gun whale. The man plunged headlong into the water.

Effectivement, comme le soulignent Hervey et Higgins (p. 232-233) :

> [...] we can take almost any passage at random from an action-packed English narrative and see what noun-based grammatical transpositions are forced on the translator. Here is an example from a Harry Potter adventure [...] A back-translation of the TT would most likely give a much stodgier narrative than Rowling's original.

'RUN!' Harry yelled and the four of them sprinted down the gallery, not looking back to see whether Filch was following – they swung around the doorpost and galloped down one corridor and then another, Harry in the lead without any idea where they were or where they were going. They ripped through a tapestry and found themselves in a hidden passageway, hurtled along it and came out near their Charms classroom, which they knew was miles from the trophy room. (Rowling, 1997, p. 117-118)

— On FILE! cria Harry et ils se mirent à courir sans se donner le temps de se retourner.

Parvenus à l'extrémité de la galerie aux armures, ils prirent un virage serré et foncèrent à toutes jambes à travers un dédale de couloirs. Harry avait pris la tête du groupe sans avoir la moindre idée de l'endroit où ils se trouvaient, ni de la direction qu'ils suivaient. Ils passèrent derrière une tapisserie et s'engouffrèrent dans un passage secret qu'ils parcoururent sans ralentir l'allure. Ils se retrouvèrent alors près de la salle où avaient lieu les cours d'enchantements et qui était située à des kilomètres de la salle des trophées. (Rowling, 1998, p. 159-160)

Dans le but d'avancer l'action d'une histoire de manière aussi colorée que possible, certains auteurs anglophones se permettent parfois des tournures verbales... innovatrices et quelque peu surprenantes. Considérons les deux exemples ci-dessous, tirés d'un roman de Kathy Reichs, *Devil Bones* (p. 38 et 180). Que proposez-vous comme traduction pour ces phrases?

"Card-swiping myself through double glass doors, I entered an empty reception area."

"Pocket-jamming the phone, I dragged a chair to the bookcase, climbed up, and reached for the top shelf."

Évidemment, l'anglais permet ce type de néologisme en *-ing* : *pocket dialling, slamdunking, elbowdropping...* (En connaissez-vous d'autres?)

Source : Rob Harrell (2016). « Adam @ Home », *Toronto Star*, 07/08/2016.

2. Le chassé-croisé

Comme nous avons pu le constater dans les exemples précédents, l'anglais se caractérise par des tournures verbales décrivant des actions de façon concrète, explicative et souvent très descriptive. L'anglophone pourrait affirmer : « The window swung open and a bird flew into the kitchen. » En français, par contre, on se contente de dire : « La fenêtre s'est ouverte et un oiseau est entré dans la cuisine. » Lorsqu'on traduit une telle structure « verbe + particule » (préposition ou postposition) à l'aide de *deux* transpositions, en forme de « X », il s'agit d'un « chassé-croisé ». En voici quelques exemples.

a) She *tiptoed down* the stairs.
   = Elle *a descendu* l'escalier *sur la pointe des pieds*.
b) I *swam across* the lake.
   = J'*ai traversé* le lac *à la nage*.
c) He *limped off* the field.
   = Il *a quitté* le terrain *en boîtant*.

Puisque le contenu sémantique du verbe anglais est rendu en français par une locution adverbiale (*sur la pointe des pieds / à la nage*) ou bien par un gérondif (*en boîtant*), et que celui de la particule (dans ce cas les prépositions *down / across / off*) se traduit par un verbe (*descendre / traverser / quitter*), l'opération forme, effectivement, une sorte de « X ». Le chassé-croisé permet de traduire de nombreuses structures « résultatives » où, en anglais, la modalité (le moyen, la manière ou la cause) est rendue par le verbe, alors qu'en français le verbe exprime le résultat. Par exemple : *The dog licked the plate clean. = Le chien a nettoyé l'assiette à coups de langue.* (Pour une discussion plus détaillée de cette difficulté syntaxique, voir *Grammaire comparée F : Structures résultatives*.)

Exercice II.12

Traduisez à l'aide du « chassé-croisé ».

1. The cowboys galloped away.

    _____

2. The student rollerbladed into the classroom.

    _____

3. They bulldozed their way through the forest.

    _____

4. The motorcycle roared past us.

    _____

5. The airplane swooped down over the farm.

    _____

6. The ducks waddled across the bridge.

    _____

7. The audience roared with laughter.

    _____

8. A chair blew off the deck and splashed into the pool.

    _____

70 PARTIE II. Procédés et stratégies de traduction   LA TRADUCTION

3. La transposition de l'adjectif et de l'adverbe

Le verbe n'est pas la seule partie du discours à subir une transposition lors du passage de l'anglais au français. On peut également transposer (et souvent nominaliser) les adjectifs.

Exemples :
a *boiled* egg = un œuf *à la coque*
a *spelling* mistake = une faute *d'orthographe*
a *leather* jacket = une veste *de cuir* (ou *un blouson de cuir*, selon le référent)

L'adverbe anglais (surtout en forme *-ly*) peut se traduire directement par un adverbe français (par ex., en *-ment*), mais plus souvent en ayant recours à une transposition.

Exemples :
She speaks *softly* = Elle parle *doucement*. (traduction directe)
She speaks *hesitantly* = Elle parle avec *hésitation*. (nominalisation)
"Perhaps," she said *thoughtfully* = « Peut-être, dit-elle, *pensive*. »
          (adverbe)   (adjectif)

Considérons cet exemple de Hervey et Higgins (p. 242) :

He lowered his voice almost *apologetically*.
"I can't swim," said Atkins *stubbornly*.
"I see," said the colonel *coldly*.

Il avait parlé bas, presque *d'un ton d'excuse*.
— Je ne sais pas nager, dit Atkins *d'une voix obstinée*.
— Je vois, dit le colonel *sur un ton glacial*.

Exercice II.13

Traduisez à l'aide de transpositions de l'adverbe ou de l'adjectif.

1. *developing* countries : <u>Pays en development</u>

2. *consumer* goods : <u>produit de consommations</u>

3. *stress* test : <u>test d'effort</u>

4. She *merely* smiled. <u>elle a failli tomber</u>

5. She *nearly* fell. <u>sourit à peine</u> ✓

6. He spoke *well* of you. <u>Il a parlé bien de vous</u>   *en*

7. [...] she added *scornfully* : <u>Elle a ajouté avec mépris</u>

8. [...] she added *joyfully* : <u>avec joie</u>

9. Hundreds of Canadians are now imprisoned abroad for *drug-related* offences.

   <u>liés à la drogue</u>

10. *Oil* prices jump *again.* <u>nouvelle hausse prix de l'essence</u>

(Tentez une troisième transposition dans ce cas : le verbe concret *jump* rendu par une nominalisation du verbe plus abstrait *augmenter*.)

Parfois, l'adjectif anglais est rendu par une proposition relative plutôt que par un nom. La traduction du titre *The Horse Whisperer* en fournit un excellent exemple : *L'homme qui murmurait à l'oreille des chevaux*. Dans ce cas, il a fallu une transposition, mais aussi un étoffement, un ajout. Nous y reviendrons dans la section F.

D. La transposition

Exercice II.14

Expliquez les transpositions effectuées dans les extraits suivants de Nancy Huston.

a) « Oh! Soyez mon Dante et je serai votre Virgile, donnez-moi la main, n'ayez crainte, je resterai à vos côtés, ne vous abandonnerai point pendant la lente spirale descendante des marches. » (Prologue)

= "Oh, be my Dante and I'll be your Virgil! Give me your hand, give me your hand. Have no fear, I won't abandon you, I promise. I'll remain always by your side as we go spiraling slowly down the stairs..." (p.2)

b) « [...] tout au long de l'été 1962 les pieds-noirs paniqués quittent le pays, abandonnant tout ce qu'ils possèdent. » (p. 293)

= "Throughout the summer of 1962, pieds noirs flee the country in a panic, leaving behind all their possessions." (p. 197-198)

(**Note** : deux transpositions, mais pas de « chassé-croisé ».)

4. L'accumulation en anglais

La syntaxe de l'anglais permet de longues séries d'adjectifs précédant le nom. Il suffit de penser à la petite histoire pour enfants de Watterson (collection « Calvin et Hobbes ») : *Attack of the Deranged Mutant Killer Monster Snow Goons*.

Plus haut, nous avons vu la transposition nécessaire pour traduire *leather jacket* (*veste de cuir*). Considérons maintenant l'accumulation suivante :

a brand new (1) *chocolate-coloured* (2) *lambskin* (3) <u>*jacket*</u> (le nom).

Le français ne permettant pas une telle série de déterminants préposés, il faut traduire par :

une <u>*veste*</u> (le nom) *toute neuve* (1) *en peau d'agneau* (3) *de couleur chocolat* (2).

Voici quelques exemples tirés de Delisle (p. 292) :

- The Walkyrie is a rigid-wing (1) single-surface (2) tailless (3) mono-plane (4) <u>hang-glider</u> (le nom).
  = Le Walkyrie est un <u>deltaplane</u> (le nom) monoplace (4) et monocoque (2) à voilure fixe (1) et sans queue (3).
- Toshiba's (1) fully electronic (2) quartz (3) digital-synthesized (4) <u>tuning system</u> is available in a selection of styles, sizes, features, and price range.
  = Le <u>syntonisateur</u> électronique (2) numérique (4) Toshiba (1) à synthétiseur piloté au quartz (3) est offert dans toute une gamme de styles, de tailles, de modèles et de prix.

Exercice II.15

Traduire les accumulations

1. Traduisez la manchette suivante :
   Probe continues into deadly Quebec seniors' home fire.

   _____

   _____

2. À l'aide de transpositions, proposez une traduction possible pour la phrase suivante :
   A father who gunned down his drug-addicted teenage daughter's drug-dealing boyfriend testified yesterday he neither planned nor intended to kill the young man. [sic!] (*Toronto Star* 16/01/2007)

   _____

   _____

   _____

   _____

   _____

3. Traduisez le passage suivant à l'aide de transpositions :
   There was a flower stall outside St George's hospital, and he paused there. Roses. The long-stemmed neatly rolled and elongated buds affected him sadly. They were more like City umbrellas than flowers. They were scarcely roses [...] (Iris Murdoch, *An Unofficial Rose*, p. 170)

   _____

   _____

   _____

   _____

   _____

   _____

4. Traduisez : *Ear wax remover drops.*

_____

5. Le panneau bilingue ci-dessous est une bonne illustration d'*accumulation* en anglais et de *nominalisation* en français. Expliquez.

_____

_____

_____

_____

Source : iStockphoto.com/FredS

E. La modulation

Si la transposition est une paraphrase syntaxique, la **modulation** est *une paraphrase sémantique* (Scarpa, p. 173). C'est un procédé de traduction indirecte ou oblique, qui adopte une perspective différente en LA qu'en LD, soulignant ainsi un aspect différent du signifié. Autrement dit, c'est un changement de point de vue; le référent est le même, mais chaque langue le perçoit d'une manière particulière.

1. « Visions du monde »

Rappelons la théorie de Sapir-Whorf selon laquelle la structure linguistique d'une langue oblige ses locuteurs à décrire et même à percevoir le monde d'une manière particulière. Suivant le principe des *visions du monde*, notre perception de la réalité est colorée par les contraintes de notre langue.

Considérons notre perception des sons de la nature. Par exemple, le français essaie de reproduire le son du canard à l'aide d'une voyelle nasale dans *coin coin*; selon l'anglophone, le canard dit *quack quack* (il n'y a pas de voyelles nasales en anglais...). Pareillement, le *meuh* de la vache française utilise une voyelle médiane qui n'existe pas en anglais; selon les anglophones, la vache dit *moo*. Ce n'est pas que le français soit plus apte à imiter ces sons, simplement qu'il les imite différemment, et par extension on les perçoit différemment, à cause des contraintes de son système phonologique.

Il en est de même pour notre perception des couleurs; par exemple, *red hair* se traduit par *cheveux roux*, même si le *roux* correspond à une couleur *orangée* (selon *Le Petit Robert*), et même si ce *roux* est souvent rendu par *reddish brown*, *rust* en anglais. Ensuite, le français réserve le terme *pers* à des yeux dont la couleur se situe entre le bleu et le vert; en anglais ces mêmes yeux sont *greenish blue*. Un autre bon exemple est le petit poisson dénommé *goldfish* en anglais et *poisson rouge* en français; en réalité, ce poisson n'est-il pas plutôt orange?

Notre langue détermine également notre façon de mesurer ou de découper la réalité. Des vacances de *huit* ou de *quinze* jours ne durent malheureusement pas plus longtemps que ce que les anglophones appellent *a one or two week vacation* (chaque semaine comptant sept jours). Certains référents sont perçus comme étant singuliers dans une langue et pluriels dans une autre.

Traduisez en anglais :

les bonbons, les céréales, les cheveux, les connaissances, les dommages, les environs, les épinards, les fiançailles, les fruits de mer, les funérailles, les niaiseries, les pâtes, les pluies acides, les premiers soins

_____

_____

_____

et en français :

athletics, aesthetics, chives, genetics, gymnastics, linguistics, politics

_____

_____

2. Types de modulation

Vinay et Darbelnet ont proposé un classement des différents types de modulations selon « la nature des opérations mentales ». (L'analyse suivante est adaptée de *Stylistique comparée*, p. 89-90, p. 235-241.)

1. *L'abstrait pour le concret* (ou le général pour le particulier, ou le pluriel pour le singulier)
    Donnez un peu de votre sang. = Give a pint of your blood.
    (sur une facture) Reçu du client. = This is your receipt. (= exemple du déictique anglais)
    top floor = ? dernier étage _____

2. *La modulation explicative* (la cause pour l'effet, le moyen pour le résultat)
    This baffles analysis. = Ceci échappe à l'analyse.
    You're quite a stranger. = On ne vous voit plus.
    fire escape = escalier de secours
    firewood = ? bois de chauffage _____
    sneeze guard = ? vitre hygénique _____

3. *La partie pour le tout ou une partie pour une autre*

   He shut the door in my face. = Il m'a claqué la porte au nez.

   to clear one's throat = s'éclaircir la voix

   from cover to cover = de la première à la dernière page

   from coast to coast = ? <u>d'un océan à l'autre</u>

4. *Renversement des termes*

   His clothes hung loosely around him. = Il flottait dans ses vêtements.

   You can have it. = Je vous le laisse.

   If you don't mind me asking... = Si je peux me permettre...

   There is no doubt that... = ? <u>Je suis sure que</u>

5. *Le contraire négativé*

   He made it plain that... = Il n'a pas caché que...

   He has a guilty conscience. = Il n'a pas la conscience tranquille.

   I know as little as you do about it. = Je n'en sais pas plus que vous.

   Remember to... = ? <u>N'oublie pas</u>

6. *Passage de l'actif au passif* (ou vice versa) *assets & liabilities*

   (Voir aussi la rubrique *Grammaire comparée H.*)

   This announcement was greeted with cheers.

   = Cette annonce a recueilli des applaudissements.

   He was allowed one phone call. = ? <u>On lui a permis</u>

7. *Intervalles et limites* (de l'espace ou du temps)

   For the period under review = Depuis notre dernier numéro

   How long have you lived here? = Depuis quand habitez-vous ici?

   About two weeks = ? <u>environ deux semaines / une quinzaine</u>

8. *Modulation géographique*

   Chinese/Japanese lantern = lanterne vénitienne

   Indian ink = encre de Chine

   It's all Greek to me. = ? <u>C'est du chinois</u>

9. *Modulation sensorielle* (de couleur, de son, de toucher, etc.)

   goldfish = ? <u>un poisson rouge</u>

   red hair = ? <u>cheveux roux</u>

10. *Changement de comparaison ou de symbole*

    Hollow Triumph = château de cartes

    leap frog = saut de mouton (qui veut dire également : cloverleaf intersection)

Note : Une fois que la modulation entre dans la langue courante, elle devient *lexicalisée* (une modulation *figée*). Nous verrons plus loin que Vinay et Darbelnet (p. 240) appellent *équivalence* toute modulation figée syntaxique.

    Voici d'autres exemples de traductions par modulation (adaptés de Hiernaud, p. 176).

- You should have your head examined. = Vous devriez vous faire soigner. (*renversement*)
- a house painter = un peintre en bâtiment (*concret pour l'abstrait, particulier pour le général*)
- a vacuum cleaner = un aspirateur (*moyen pour le résultat*)
- I'd love to be a fly on the wall. = J'aimerais être une petite souris. (*changement de symbole*)
- She looks really annoyed. = Elle n'a pas du tout l'air contente. (*positif/négatif*)
- to go like clockwork = marcher comme sur des roulettes* (*changement de symbole*)

    (* On dit aussi : « réglé comme du papier à musique »)

Exercice II.16

Traduisez en français à l'aide d'une modulation.

1. *(modulation lexicalisée, moyen-résultat)* scored tablets =

   _____

2. *(modulation lexicalisée, moyen-résultat)* soft-wood lumber =

   _____

3. *(modulation lexicalisée, renversement des termes)* a drop box =

   _____

4. *(modulation figée, changement de partie)* I'm up to my ears in debt. =

   _____

5. *(modulation figée, changement de symbole)* I'm so hungry I could eat a horse. =

   _____

6. *(modulation figée, renversement des termes)* Beware of dog =

   _____

7. *(renversement des termes)* Talk to me. / Tell me about it. =

   _____

8. *(passif-actif)* Leafs trounced by Habs! =

   _____

9. *(passif-actif / impératif impersonnel)* This door should be kept closed at all times. =

   _____

10. *(passif-actif et pluriel-singulier)* Vomiting should never be induced in unconscious individuals. =

    _____

Exercice II.17

Lisez attentivement les extraits suivants de Nancy Huston. Quelles modulations a-t-elle effectuées dans sa version anglaise du roman?

1. « La porte s'ouvre soudain et entre en trombe un clochard d'une cinquantaine d'années : hirsute, loqueteux et hoquetant, empestant le vin, flageolant sur ses jambes, semelles béant sur des orteils nus, noirs et difformes. » (p. 214)
   = "Suddenly the door bangs open and in lurches a wild-eyed, hiccuping tramp, dressed in rags, reeking of wine, his twisted, blackened toes visible through the holes in his shoes." (p. 141)

   _____

   _____

   _____

   _____

2. « Assise à son secrétaire dans la chambre bleue au deuxième étage de son quasi-château en Bourgogne, Hortense Trala-Lepage fond en sanglots. » (p. 58)
   = "Seated at her writing desk in the blue room on the third floor of her quasi-castle in Burgundy, Hortense Trala-Lepage bursts into tears." (p. 33)

   _____

   _____

   _____

   _____

Exercice II.18

Trouvez un exemple de *modulation* et de *transposition* dans la traduction qui suit.

Dans les années 1920, en Irlande, un jeune homme promis à une carrière de médecin rejoint son frère dans la résistance armée irlandaise contre les Anglais. Mais la guerre civile va séparer les deux frères... Palme d'or du dernier festival de Cannes, Ken Loach signe un film émouvant et d'une redoutable sincérité. (Guillechon, *Aéroports magazine*, mai 2007, p. 22)

The film is set in Ireland in the 1920s, when a young man about to embark on a career as a doctor joins his brother in a resistance group fighting against the English. But in the ensuing civil war, the brothers are torn apart. Winner of the Golden Palm at Cannes, this very poignant film from Ken Loach is overwhelmingly sincere.
Le vent se lève / The Wind that Shakes the Barley, Ken Loach (DIAPHANA)

Modulation :

_____

_____

_____

Transposition :

_____

_____

_____

Exercice II.19

Voix active? Voix passive? (Voir aussi la section *Grammaire comparée H* sur la traduction du passif anglais.)

Lisez attentivement les versions anglaise et française de cet article du magazine *En route* (juillet 2004).

Soft Drink/Beer Ratio

Outdoor drinking in Washington is not yet a federal offence: A Union Station stand was selling Buds in brown paper bags. At 7-Eleven, one Bud was 75 cents (in a 20-pack), four cents less than a Coke. Vodka has given way to beer as the Russian drink of choice; it's sold everywhere and drunk by everyone – morning commuters and moms with prams alike.

Le ratio coca/houblon

À la gare de Washington, vous pouvez acheter une Budweiser dans son sac de papier brun. Au 7-Eleven, une Bud revient à 75c (en paquet de 20), 4c de moins qu'un Coke. La bière a détrôné la vodka dans le cœur des Russes : elle est vendue partout et tout le monde en boit, en allant travailler le matin ou en poussant un landau.

1. Combien de verbes à la voix passive en anglais sont rendus par la voix active en français?

   _____

2. Qu'est-ce qu'on aurait pu faire pour éviter le passif une fois de plus (en utilisant la voix pronominale)?

   _____

3. Y voyez-vous d'autres cas de modulation?

   _____

Exercice II.20

Relevez les cas de *modulations* dans le TA (français).

1. (Extrait d'une lettre de la part du Ministry of the Attorney General / ministère du Procureur général – Ontario)

   TD

   Your name was selected at random from a municipal enumeration list to be considered for inclusion in a Jury Roll, which is a list of potential jurors. The Roll lists the names of citizens resident in a jurisdiction who, if summoned, would be eligible during the ensuing year to serve as jurors.

   TA

   Nous avons extrait au hasard votre nom d'un recensement municipal en vue de le porter à la liste des jurés. Cette liste comporte les noms de personnes qui résident dans une localité donnée et qui, une fois convoquées, pourraient être admises à faire partie d'un jury au cours des douze prochains mois.

2. (Call for book reviewers / À la recherche de rédacteurs ou rédactrices de recensions ; adapté de Canadian Society for the Study of Education / Société canadienne pour l'étude de l'éducation)

   TD

   Book reviewers will be sent one book in their field of interest and will be asked to write a critical 700-word review within a month of receipt.

   TA

   Les rédacteurs ou rédactrices de recensions recevront un livre dans leur domaine et se verront demander de rédiger une critique de 700 mots au cours du mois suivant.

Exercice II.21

Traduisez à l'aide de *modulations*.

Insomnie blues?

Il vous arrive de vous réveiller durant la nuit? En l'absence de raisons précises, ces épisodes de veille sont normaux, assure le psychiatre Richard Friedman, de l'Université Cornell (État de New York). Notre cycle de sommeil est... cyclique : une nuit peut se diviser grosso modo en deux périodes de sommeil, de trois à cinq heures chacune. On observe fréquemment ce type de sommeil en deux phases chez les mammifères. Il offre probablement un avantage évolutif, pensent certains anthropologues. Alors, si vous vous réveillez à l'occasion et que vous ne souffrez pas d'un malaise particulier (douleur, anxiété, dépression ou état de manque), rassurez-vous : ce trait hérité de vos ancêtres les a aidés à survivre dans un milieu hostile. (*L'actualité*, 15/5/2006, p. 66)

F. L'équivalence

1. Reconstituer la situation

Pour traduire une expression idiomatique ou une structure figée qui est utilisée dans une situation existant en LD et en LA, on a recours à une **équivalence**. Ce procédé ne tient pas compte des unités de traduction en soi. Il s'agit de *reconstituer la situation* dans la LA et de se demander : « Qu'est-ce qu'on dit? »

Il arrive qu'une traduction de ce type constitue à la fois un cas d'équivalence, de modulation et / ou de transposition. Par exemple, au début du mois de janvier, les gens se souhaitent la *Bonne année!* en français et *Happy New Year!* en anglais; voilà un cas d'équivalence tout simplement. Dans un restaurant, on souhaite *Bon appétit!* ou *Enjoy your meal!*; l'équivalence est en même temps un cas de transposition (l'adjectif *bon* devient le verbe *enjoy*). Lorsqu'un immeuble / un hôtel n'a plus d'appartements / de chambres à louer, il affiche : *Complet* ou *No vacancies*; cette équivalence représente également un changement de perspective (donc une modulation). Voici une expression idiomatique dont la traduction constitue une combinaison des trois procédés : *N'éveillez pas le chat qui dort. = Let sleeping dogs lie.* En premier lieu, il s'agit d'une *équivalence*, car le dicton correspond au même contexte dans les deux langues; ensuite, d'une *modulation*, car on constate un renversement des termes (et passage du négatif au positif), ainsi que d'un changement de symbole (*le chat* devient *dogs*); enfin, d'une *transposition*, car la proposition relative (*qui dort*) est rendue par l'adjectif (*sleeping*).

En voici un autre exemple, présenté par Vinay et Darbelnet (p. 54) :

> [...] la traduction (sur une porte) de PRIVATE par DÉFENSE D'ENTRER est à la fois une transposition, une modulation et une équivalence. C'est une transposition parce que l'adjectif « private » se rend par une locution nominale; une modulation, parce qu'on passe d'une constatation à un avertissement (cf. « wet paint : Prenez garde à la peinture »); enfin, c'est une équivalence, puisque la traduction est obtenue en remontant à la situation sans passer par la structure.

Exercice II.22

Reconstituez les situations suivantes et proposez l'équivalent en français.

1. Traffic moving well. = _____

2. To be taken on an empty stomach. = _____

3. What'll you have? – Eggs. Sunny side up. = _____

4. Freeze! Hands up! = _____

5. Place your bets... = _____

6. Fill 'er up, please. = _____

7. Attention! / At ease... = _____

8. Hold the line. / Here's Claude... = _____

9. Best before... = _____

10. Dinner's ready! / May I be excused? = _____

11. Break a leg! = _____

12. 3 bdrm (apt.) = (à Québec) : _____; (à Paris) : _____

13. One way to Marseilles = _____

14. Yours sincerely = _____

15. Once upon a time = _____

16. You're welcome = _____

17. I'd love to! = _____

18. Mrs. What's-her-name = _____

19. Exhibit A (B, C...) = _____

20. Based on a true story. = _____

2. Expressions idiomatiques, proverbes, onomatopées, panneaux, etc.

Si les contraintes linguistiques de notre langue affectent notre perception de la réalité (notre *vision du monde*), il est également vrai que les réalités d'une communauté influencent la langue de celle-ci (*facteurs métalinguistiques*). Les expressions idiomatiques en constituent de très bons exemples.

Comparez les proverbes ci-dessous (extrait de Baoutelman, p. 23); ensuite, proposez une équivalence en anglais pour chacun.

The strongest reason is always the best

1. Proverbe de La Fontaine : *La raison du plus fort est toujours la meilleure.*

   Proverbe antillais : *La blatte n'a jamais raison devant la poule.*

   Une variante au Benin : *Un grain de maïs a toujours tort devant la poule.*

   Que dit-on en anglais?

   <u>might is right</u>

   Each thing in time

2. Proverbe français : *Chaque chose en son temps.*

   Au Cameroun : *Si la personne partie puiser l'eau n'est pas de retour, c'est que les calebasses ne sont pas encore remplies.*

   Que dit-on en anglais?

   There is a time/place for everything

   <u>Everything in due time / Timing is everything</u>

   It is not necessary to put the plough before the cattle

3. Proverbe français : *Il ne faut pas mettre la charrue avant les bœufs.*

   En Afrique : *Traverse la rivière avant d'insulter le crocodile.*

   Que dit-on en anglais?

   <u>Putting the cart before the horse / Don't get ahead of yourself</u>

   Unity makes the force

4. Proverbe français : *L'union fait la force.*

   Au Mali : *Un seul doigt ne peut prendre un caillou.*

   Que dit-on en anglais?

   <u>Strength in numbers / It takes a village / There is no I in team</u>

F. L'équivalence

Exercice II.23

Traduisez par une équivalence.

1. *Les onomatopées* sont des mots dont la forme phonique tente d'imiter les sons de la nature, mais suivant les contraintes de sa langue et de sa culture. Les onomatopées sont donc apprises. (Consultez le site web www.bzzzpeek. com. Que remarquez-vous?)

   a) Comment dit-on en anglais :

   pit pit / cocorico / beurk! / plouf! / pan pan!! / aïe! / miam miam

   _____

   _____

   b) Traduisez :

   the purring of the cat = _____

   the hooting of an owl = _____

   the squeaking of the door = _____

   the buzzing of the bees = _____

   the chirping of the birds = _____

   Note : Comme le souligne Astington (1983, p. 22), il arrive qu'un terme *spécifique* en LD se traduise par un terme *général* en LA : *a crackling of branches, a tinkling of glass, the chugging of a train = un bruit de branches cassées, un bruit de verre brisé, le bruit du train.*

2. *Les panneaux et les écriteaux.* Trouvez l'équivalent en anglais.

   a) sans issue : _____

   b) sens unique : _____

   c) ralentir...travaux : _____

   d) serrer sur la droite : _____

F. L'équivalence

e) passage interdit sous peine de poursuite :

_____

f) vide-grenier : _____

3. Quel est le dicton correspondant en anglais?

   a) *L'habit ne fait pas le moine.* =

   _____

   b) *Deux avis valent mieux qu'un.* =

   _____

   c) *Chat échaudé craint l'eau froide.* =

   _____

   d) *Appeler un chat un chat.* =

   _____

   e) *L'arbre ne tombe pas du premier coup.* =

   _____

   f) *C'est simple comme bonjour.* =

   _____

   g) *Avoir un chat dans la gorge.* =

   _____

   h) *C'est en forgeant qu'on devient forgeron.* =

   _____

   i) *Faire d'une pierre deux coups.* =

   _____

   j) *Pierre qui roule n'amasse pas mousse.* =

   _____

4. Exercices supplémentaires (Acosta, 2008)

Les « animatopées ». Associez les noms des animaux aux sons qu'ils produisent.

1) Abeille	a) Flap flap flap, flip flip
2) Âne	b) Tagada-tagada, tagada-tagada
3) Chat	c) Groin-groin
4) Grenouille	d) Cocoricôôôôôô
5) Cochon	e) Coââââ coââââ
6) Coq	f) Ouah! Ouah! Whaf! Whaf! Whouaf!
7) Cheval	g) Hi-han, hi-han
8) Oiseau	h) Bêêêêêê
9) Chien	i) Bzzz-bzzz
10) Mouton	j) Miaou miaou

Les exclamations et les bruits. Associez les deux colonnes.

a) Beurk! Ça se mange? C'est dégueulasse!	1) incrédulité
b) Tiens! Tu es là? Je croyais que tu étais à la fac.	2) approbation
c) Mon œil! Raconte ça à d'autres!	3) dégoût
d) Extra! Vraiment superbe, génial!	4) appel
e) Hep! Psst! Viens voir ça!	5) arrêt
f) Minute, papillon! Je n'ai pas fini ce que j'ai à dire.	6) soulagement
g) Aïe! Ouille, ouille, ouille, je me suis fait très mal!	7) douleur
h) Ouf! J'ai réussi l'épreuve de français.	8) surprise

Exercice II.24
Calques et équivalences

Pour chaque expression <u>fautive</u> à gauche, trouvez l'expression anglaise sur laquelle elle est calquée. Ensuite, trouvez la bonne équivalence parmi les choix suivants :

au septième ciel / une fois tous les 36 du mois / avoir le trac / devenir dingue / c'est le bouquet / une grosse légume / le cafard / les yeux de la tête / un casse-pied / payer les pots cassés / vendre la mèche / des fourmis / comme le fond de sa poche.

Expression calquée	Expression anglaise	Équivalence en français

1. une douleur dans le cou _____

2. laisser le chat sortir du sac _____

3. aller bananes _____

4. avoir des papillons dans l'estomac _____

5. Ça prend le gâteau! _____

6. C'est un gros fromage. _____

7. Elle est sur le 9ᵉ nuage. _____

8. connaître comme le dos de sa main _____

9. une fois dans une lune bleue _____

10. On doit faire face à la musique. _____

11. Tu vas payer à travers le nez. _____

12. J'ai des épingles et des aiguilles. _____

Exercice II.25

Expressions québécoises et leurs équivalences

1. Pour chacune des expressions à gauche, trouvez un synonyme dans la colonne de droite.

a) Il s'est fendu en quatre.

i) Arrête de paresser! (Fais quelque chose!)

b) Y a rien là.

ii) Il pleut abondamment (à verse).

c) Être gelé comme une balle

iii) J'ai de l'expérience.

d) C'est débile!

iv) Elle est devenue furieuse.

e) J'en ai plein mon casque.

v) Ne t'énerve pas!

f) Elle est tannante.

vi) Être profondément sous l'effet de drogues.

g) Elle a pété sa coche/les plombs*.

vii) Il n'y a aucune raison de s'inquiéter.

h) Capote pas!

viii) C'est fantastique! (ou : C'est ridicule!)

i) J'ai déjà vu neiger.

ix) J'en ai assez! (Ça suffit.)

j) Mets-en!

x) Elle est vraiment très énervante.

k) Elle est s'a (sur la) coche.

xi) Elle plaît beaucoup. « Elle l'a, l'affaire. »

l) Il pleut à boire debout.

xii) C'était un coup monté. (*It was staged.*)

m) C'était arrangé avec le gars des vues.

xiii) Il a fait un grand effort.

n) Arrête de te pogner le derrière!

xiv) C'est vraiment très bon!

o) C'est bon en maudit !

xv) Tu as tout à fait raison. / C'est bien vrai!

Note : * *Péter les plombs* se dit également en France et ailleurs dans la francophonie.

2. Proposez un équivalent en anglais familier / populaire pour chacune de ces expressions.

a) _____

b) _____

c) _____

d) _____

e) _____

f) _____

g) _____

h) _____

i) _____

j) _____

k) _____

l) _____

m) _____

n) _____

o) _____

3. Allusions culturelles

Plusieurs expressions idiomatiques s'inspirent d'événements historiques, de personnages littéraires célèbres, d'icônes culturelles, etc. S'il s'agit d'un bagage culturel partagé par les deux communautés linguistiques en question, la traduction se fait assez facilement en cherchant l'expression équivalente dans l'autre langue. Par exemple :

- L'allusion littéraire à Ali Baba et aux *Contes des mille et une nuits* existe autant pour les anglophones que pour les francophones; l'expression *Open Sesame!* est aussi connue que son équivalente française : *Sésame, ouvre-toi!*
- Les chrétiens anglophones et francophones comprennent très bien la référence au *baiser de Judas* (référence à Judas Iscariote, le 12e apôtre, qui a trahi Jésus).

- Les anglophones et les francophones connaissent la mythologie grecque. Quelles équivalences existent en anglais pour *la boîte de Pandore, le cheval de Troie, le talon d'Achille, les bras de Morphée*?
- L'expression *crossing the Rubicon* se traduit par *franchir le Rubicon* et signifie *prendre une décision audacieuse et irrévocable* (*Petit Larousse*). Cette allusion historique à la décision de César (prise dans la nuit du 11 au 12 janvier 49 av. J.-C.) de traverser la rivière séparant l'Italie de la Gaule Cisalpine fait partie du bagage culturel et des anglophones, et des francophones.
- Par contre, si la fameuse défaite de Napoléon contre le duc de Wellington, le 18 juin 1815, a inspiré l'expression anglaise *to meet one's Waterloo*, la traduction *connaître son Waterloo* ne s'utilise guère en France. (S'agit-il d'un moment historique que les Français préfèrent oublier?) Cela dit, on peut entendre au Québec : *frapper son Waterloo* (calqué sur *to hit a wall*).

G. L'adaptation

> **Question :** Comment s'appelle le grand radin de la littérature anglaise? Quel personnage littéraire représente l'avarice pour les Français? Pour les Québécois?
>
> Même s'ils n'ont jamais lu le roman de Charles Dickens, bon nombre de francophones de nos jours sont en mesure de comprendre une référence au personnage de Scrooge. Il n'est cependant pas certain que l'anglophone moyen sache apprécier une allusion à Harpagon (*L'Avare* de Molière) ou encore à Séraphin Poudrier de la série télévisée québécoise *Les Belles Histoires des pays d'en haut*.

L'adaptation est le dernier des sept procédés de traduction décrits par Vinay et Darbelnet. Elle s'avère nécessaire lorsqu'un référent en LD n'existe pas en LA. (Comme nous l'avons vu, *l'emprunt* représente une autre solution possible dans certains cas.)

> Adapter = trouver une valeur équivalente / créer un effet équivalent en LA

Par exemple, une référence au hockey dans un TD (anglais ou français) au Canada pourrait être adaptée à une référence au cricket dans un TA destiné à un public en Inde ou au Pakistan. L'adaptation peut opérer sur le plan linguistique ou pragmatique, mais elle est très souvent d'ordre culturel. C'est le procédé de traduction le plus libre, celui qui demande le plus de créativité et qui pose le plus grand défi. Nous y reviendrons de façon plus approfondie au début de la Partie IV.

H. La compensation

Lorsqu'il est impossible de réaliser un effet stylistique présent dans le TD au même endroit dans le TA, le traducteur peut tenter de *compenser* en introduisant un effet similaire ailleurs dans le texte. Voici la définition fournie par Vinay et Darbelnet (p. 189) :

> [C'est] un procédé qui vise à garder la tonalité de l'ensemble en introduisant, par un détour stylistique, la note qui n'a pu être rendue par les mêmes moyens et au même endroit. [...] Il y a compensation lorsque le résidu conceptuel d'un secteur ou d'une UT de LD apparaît dans un autre secteur ou UT de LA.

Le besoin de compenser se présente le plus souvent lorsqu'on traduit un texte dont la fonction primordiale est esthétique – par opposition à un texte technique, par exemple. Comme le soulignent Hervey et Higgins (p. 52), le recours à la **compensation** n'est jamais une obligation, mais plutôt un choix : « It is the reduction of an unacceptable translation loss through the introduction of a more acceptable one. [...] When all the possibilities have been reviewed, the decisive question is: "Will the proposed compensation make the TT *more* fit for its purpose or *less*?" »

> **Exemple :** Pour créer dans un texte anglais l'effet de familiarité produit par l'utilisation du tutoiement en français, on peut avoir recours à des termes familiers comme *bud(dy)*, *girl*, etc., ou à l'utilisation du prénom. À l'inverse, l'effet du vouvoiement pourrait se rendre en anglais par une syntaxe plus formelle ou par l'utilisation de *Sir* ou *Ma'am*, par exemple (Vinay et Darbelnet, p. 190).

Nous présenterons d'autres exemples de compensation dans la Partie IV.

I. La dépersonnalisation

En anglais (« langue populaire », rappelons-le), quel que soit le style du texte, on s'adresse à son interlocuteur de façon directe à l'aide du pronom *you*. Or, ce style personnel ne convient pas à plusieurs types d'écrits en français et risque de « [...] paraître trop familier à un lecteur francophone » (Delisle, p. 360). Il est vrai que, dans des textes publicitaires, le français permet d'interpeler directement ses clients potentiels (*Venez! Achetez! Abonnez-vous!*). Et dans des instructions, des modes d'emploi (et des matériaux pédagogiques!), les styles personnel et impersonnel s'équivalent. L'on peut, par exemple, choisir d'utiliser l'impératif à la 2e personne du pluriel ou bien l'infinitif (voir *Grammaire comparée B*). Cela dit, il faut souvent « hausser le ton » dans un texte français, même dans un message publicitaire, par exemple : *Posting and shipping is on us* = *Il n'y a aucuns frais de port ni de manutention.* Le style administratif, notamment, est caractérisé par une préférence marquée pour des expressions impersonnelles (par ex., *il faut*, *il est possible* au lieu de *you must*, *you can*) et l'utilisation du pronom impersonnel *on*. La **dépersonnalisation** constitue une technique essentielle de la traduction spécialisée. Nous y reviendrons plus en détail dans la Partie III.

Même dans les dictons, le français évite la forme d'adresse personnelle, alors que l'anglais la privilégie (Delisle, p. 362) :

- You can't have *your* cake and eat it too.
  = *On* ne peut pas avoir le beurre et l'argent du beurre.
  Ou : *On* ne peut pas être et avoir été.
- You could have heard a pin drop.
  = On aurait entendu voler une mouche.

(**Note :** Ce sont des exemples d'équivalences ET de modulation.)

J. L'étoffement et le dépouillement

Étoffer signifie *ajouter un élément*, faire une *amplification*, un étoffement. Le traducteur a souvent recours à cette technique dans le passage de l'anglais au français, notamment en traduisant la préposition (la préposition française est moins « forte » et a souvent besoin d'appui, de l'ajout d'un élément). Le procédé inverse s'appelle le **dépouillement**, ou encore l'**économie**; dans ce cas, il est possible de reformuler le message en utilisant moins de mots dans le TA.

Exemples d'étoffement :
- The inspector *on* the case returned *to* where he had seen the girl.
  = L'inspecteur *chargé de* l'enquête est retourné *à l'endroit* où il avait vu la fille.
- The book is richly illustrated with stills *from* the various films.
  = Le livre est agrémenté de nombreuses photos *tirées des* films.

Exemples de dépouillement :
- La femme *qui occupe* le bureau à côté du mien parle espagnol.
  = The woman *in* the office next to mine speaks Spanish.
  (Selon le contexte, un deuxième dépouillement serait possible :
  The woman *in* the *next* office speaks Spanish.)
- Il travaille *dans le domaine des* assurances. = He's *in* insurance.

À titre d'illustration, considérons cette phrase relevée dans Hervey et Higgins (p. 254-255, citant Sharpe, 1978 [TD] et 1988 [TA]), qui raconte les promenades quotidiennes de Henri et son chien (ils empruntaient toujours le même chemin) :

> They went down past the Post Office, across the playground, under the railway bridge and out on to the footpath by the river.
> = Ils descendaient la rue, tournaient devant le bureau de poste, traversaient le terrain de jeu et passaient sous la ligne de chemin de fer pour arriver au sentier qui longeait la rue.

Examinons la traduction de chacune des prépositions qui figurent dans la phrase anglaise. Dans le cas de *across* (the playground), il y a recours à la transposition (la préposition *across* devient le verbe *traverser*); dans les autres cas, la préposition française est renforcée, ou étoffée, par un verbe : *tournaient devant, passaient sous, arriver au.*

Note : Même si la préposition anglaise est normalement « étoffée » en français, il est tout à fait possible de trouver des traductions où l'économie s'opère en français, par exemple : *Entrée définitive = No return after this point* (aéroport Charles de Gaulle).

Exercice II.26

Traduisez en *étoffant* la préposition anglaise.

1. *To* the trains _____

2. *To* the museum _____

3. Passengers *to/from* Paris... _____

4. The kitchen has a door *to* the patio. _____

5. The temperature dropped *to* -15°C! _____

6. They received a gift *from* her aunt. _____

7. He'll help you *with* your suitcases. _____

8. Does this car come *with* two airbags? _____

9. valid *from* (date) _____

10. issued *under* the Highway Traffic Act _____

11. In a speech *at* their annual conference... _____

12. We will now observe a minute of silence *for* our fallen brothers.

    _____

Exercice II.27

Traduisez les phrases suivantes en ayant recours à *l'étoffement* ou au *dépouillement* de la préposition. (Exercice adapté de Hervey et Higgins, p. 258-259.)

1. *La préposition anglaise correspond à un verbe français ou à une préposition renforcée par un verbe.*

   a) What's the quickest way *to* the University, please?

   _____

   b) I'll come *for* you at about seven.

   _____

   c) I managed to crawl *away from* the flames.

   _____

   d) On n'atteint le bureau qu'*en traversant* la chambre.

   _____

   e) La machine heurta le bureau et *il glissa* jusqu'au mur *qu'il rencontra* d'une force irrésistible.

   _____

2. *La préposition anglaise correspond à une préposition française renforcée par un nom.*

   a) She's *on* the executive committee.

   _____

   b) She was calling him from *across* the street.

   _____

   c) Le résultat de cette politique sera la disparition, *en l'espace de* cinq ans, de la plupart des libraires français.

   _____

J. L'étoffement et le dépouillement

d) Une main-d'œuvre bon marché *en provenance des* territoires occupés.

_____

3. *La préposition anglaise correspond à une proposition relative ou à un participe présent en français.*

a) I'm very touched by your concern *for* me.

_____

b) The headmaster was a batty old man *with* a literally moth-eaten gown.

_____

c) The houses *over* the road are much bigger than ours.

_____

d) On n'est pas près d'oublier le match *qui a opposé* Agen et Béziers l'an dernier.

_____

e) Le taxi démarra lentement. C'était une vieille Renault *dont* le chauffeur *était* à moitié sourd.

_____

4. *La préposition anglaise correspond à une préposition française renforcée par un adjectif ou par un participe passé.*

a) A young man *with* AIDS tells us his tragic story.

_____

b) He illustrated his argument *with* quotations from Shakespeare.

_____

c) In France, passengers *with* tickets have to date-stamp them before boarding the train.

_____

Nous terminons ici notre traitement des différentes techniques de traduction. Avant de passer à la Partie III, Types de traduction, faites les exercices de révision ci-dessous.

Exercice II.28

Répondez aux questions ci-dessous après avoir révisé la Partie II.

1. Comparez les TD et les TA ci-dessous (Ferrez, *Aéroports magazine,* mai 2007, p. 25), puis identifiez un exemple de chaque :

Sigle (et équivalent) : _____

Emprunt : _____

Modulation : _____

Transposition : _____

Équivalence : _____

Étoffement : _____

a) « Polar bucolique / Pastoral whodunit »

George Glenn est assassiné sous les yeux de ses moutons. Mais ce sont des bêtes pas comme les autres, car George n'était pas un berger comme les autres. Les moutons mènent l'enquête, bien décidés à élucider ce crime... Un roman policier farfelu d'une grande originalité.

George Glenn is murdered in front of his flock. But these are no ordinary sheep, for George was a very unusual shepherd. The sheep decide to find out who killed him and solve the mystery themselves... A touching highly original detective story.

(Leonie Swann, *Qui a tué Glenn? / Three Bags Full*, Nil Editions)

Question : Commentez la traduction du titre original *Three Bags Full*. (Que remarquez-vous?)

b) « Missing »

Bienvenue à Waverly Hills, un sanatorium où se sont déroulés d'étranges événements... Une BD en forme de thriller à la Shining, inspirée par l'histoire vraie d'un sanatorium américain où auraient disparu, entre les années 1920 et 1960, plus de 60 000 pensionnaires.

Welcome to Waverly Hills, a sanatorium where the strangest things have happened... A comic-book thriller reminiscent of Kubrik's film *The Shining*, inspired by the true story of a sanatorium, from which over 60,000 residents allegedly went missing between 1920 and 1960.

(Pandemonium, Les Humanoïdes associés)

2. Commentez brièvement la traduction des phrases suivantes en relevant des cas de *transposition*, de *modulation* et d'*étoffement*.
(Bonner, 2011, p. 50; Lysaght, 2011, p. 156)

a) Ireland, widely acknowledged as having been dramatically transformed under the sign of the Celtic Tiger, is now assessing itself in relation to the Post Tiger situation.
= L'Irlande, dont on s'accorde à dire qu'elle a subi de profondes transformations pendant les années du Tigre celtique, est en pleine auto-évaluation en cette période d'austérité.

_____

_____

_____

_____

b) Straddling the before and the after of the Celtic Tiger era, the Irish language television broadcaster TG4 is a unique media phenomenon, drawing on the local and the international in equal measure.
= À cheval sur les années précédant et succédant à celles du Tigre celtique, la télévision en langue irlandaise TG4 est un phénomène médiatique unique qui utilise du matériau local et international à parts égales.

_____

_____

_____

_____

c) The focus on the national by the 2011 election broadcast is an attempt to reinsert TG4 and its associated values into the larger public sphere.

= L'accent porté sur le national dans le contexte des élections de 2011 a permis de réinsérer TG4 et les valeurs que la chaîne promeut dans la sphère publique de manière plus large.

_____

_____

_____

_____

J. L'étoffement et le dépouillement

Exercice II.29

L'extrait présenté ci-dessous a fait la une du quotidien *La Presse* du 25 juillet 2008. Réfléchissez aux questions suivantes avant de passer à la traduction.

1. Expliquez le **jeu de mots** *Montréal en trombe*. Pensez-vous pouvoir traduire cette manchette par un autre jeu de mots?

   _____

2. Le terme *fleuve* est couramment utilisé en français et se distingue du mot *rivière*. Pourtant, il se traduit presque toujours par *river* en anglais (exemple d'un « passage du particulier au général »). Est-ce la meilleure solution ici?

   _____

3. Combien de cas d'*équivalences* s'imposent ici? Soyez aussi idiomatique que possible, tout en respectant le style journalistique.

   _____

4. Quels *dépouillements* constatez-vous dans la version anglaise?

   _____

   MONTRÉAL EN TROMBE!

   Vers 13 h hier, une trombe d'eau est apparue entre le pont Jacques-Cartier et le pont-tunnel Louis-H.-Lafontaine, phénomène que n'a jamais observé dans la région un expert d'Environnement Canada en 27 ans de métier.

   Une rare et spectaculaire trombe d'eau qui balaie le fleuve à Montréal, des pluies diluviennes en Haute-Mauricie et le Texas qui retient son souffle à l'arrivée de l'ouragan Dolly. Dame Nature a fait des siennes hier, ici et ailleurs. Et a tenu aux aguets les vacanciers qui attendent désespérément le retour du beau temps.

   _____

   _____

   _____

   _____

   _____

TYPES DE TRADUCTION

Cette troisième partie du manuel permet de mettre en pratique les diverses techniques de traduction, tout en découvrant les caractéristiques de trois types de textes bien différents – journalistique, spécialisé et littéraire – et les difficultés propres à chacun.

Introduction

A. Le texte journalistique

Le texte journalistique n'est pas construit au hasard : plus que tout autre texte, il est soumis à des contraintes spécifiques. Le traducteur doit être, en principe, journaliste, ou bien maîtriser les règles de rédaction du texte de presse. (Astirbei, p. 33)

1. Traduire des articles journalistiques

Les journalistes écrivent pour informer (*fonction référentielle*) et parfois aussi pour convaincre (*fonction conative*). Le traducteur du texte journalistique doit donc transmettre le contenu informationnel du TD (actualités, fait divers, etc.) aussi fidèlement et aussi clairement que possible, en adoptant un style à la fois simple, attirant et idiomatique qui saura maintenir l'intérêt et la compréhension d'un lectorat d'une autre communauté linguistique. La manière de s'y prendre dépend en grande partie du public auquel on s'adresse. Par exemple, les lecteurs ciblés sont-ils au courant du contexte des événements rapportés ou faut-il leur fournir plus d'explication? Y a-t-il des sigles et des acronymes inconnus dans la LA qu'il convient d'expliquer? Dans le cas où le TD présente des éléments relevant d'une terminologie spécialisée qui risque d'être inaccessible, il s'agit de faire de la *vulgarisation*, en substituant aux termes techniques des explications simples et claires, tout en évitant de tomber dans de la simplification abusive, car « il ne faut pas prendre le lecteur pour un simple d'esprit » (Astirbei, p. 35). Par contre, lorsqu'on s'adresse à un public averti, il est essentiel de respecter la terminologie correcte. Comme le souligne Astirbei (p. 34) : « L'exactitude terminologique contribue en effet à conférer de l'autorité aux informations qui sont présentées. »

En plus d'adapter la traduction aux besoins de son destinataire, il faut évidemment respecter les normes linguistiques de la LA et tenir compte de ses préférences syntaxiques. Rappelons que le français a plus souvent tendance à s'écarter de la syntaxe habituelle (S-V-COD) que l'anglais à l'aide de structures comme l'inversion, l'antéposition et l'incise (voir Partie I-D3). À titre d'exemple, examinons l'extrait ci-dessous, tiré d'une revue distribuée aux visiteurs de l'aéroport Charles de Gaulle à Paris (*Aéroports de Paris*, no 75, mai 2013, p. 14) :

Sorties des réserves des Arts décoratifs, d'étonnantes pièces de céramique et d'orfèvrerie, mais aussi quantité de papiers peints, bijoux et affiches en trompe-l'œil, font basculer les visiteurs dans un monde de faux-semblants [...] c'est au grand jeu de l'illusion que convie cette exposition riche de quatre cents objets jamais, ou rarement, montrés...

Soulignons dans la première phrase l'antéposition de la proposition adjectivale « Sorties des réserves... » (qualifiant le sujet « d'étonnantes pièces de céramique et d'orfèvrerie ») et dans la deuxième phrase l'inversion sujet-verbe (« convie cette exposition »). Ces tournures syntaxiques servent à embellir le style du passage. Par contraste, la version anglaise proposée par cette même revue respecte l'ordre syntaxique habituel :

An amazing collection of ceramics, gold, silver [...] has emerged from the storeroom to amaze visitors [...] this exposition leads you through a sequence of magnificent illusions.

Au-delà des préférences de la langue cible elle-même, la traduction doit également respecter le style et le **ton** du journal dans lequel elle apparaîtra. S'agit-il d'une publication « conservatrice » ou « syndicaliste »? « élitiste » ou « populiste »? « sérieuse » ou « sensationnaliste »...? Cette considération oriente la rédaction de l'article lui-même, mais aussi celle de son titre. Il faut aussi savoir qu'à l'intérieur d'une même publication peuvent coexister différents styles langagiers : une rubrique consacrée à l'économie, aux finances ou à la politique internationale serait nécessairement plus sobre que celle rapportant des faits divers. Par exemple, les magazines canadiens *Maclean's* et *L'actualité* proposent chaque semaine une section composée de très courts articles susceptibles de distraire le lectorat. (Il s'agit, respectivement, des rubriques « Good News Bad News » et « En commençant par la fin ».) On y adopte un style plutôt informel permettant l'usage de tournures et d'expressions familières (voir par exemple les premiers *Devoirs A* dans la Partie III).

2. Le langage des titres

Le titre d'un article doit être court, explicite et accrocheur, tout en respectant le style du journal ou de la revue en question. Astirbei (p. 36) compare ainsi deux grands quotidiens français : « *Libération* utilise des titres percutants, tandis que *Le Monde* a souvent recours à des titres sobres mais longs. » Au Canada, on constate un écart important entre le style des manchettes qu'on lit dans le *Globe and Mail* ou *Le Devoir*, et celui du *Toronto Sun* ou du *Journal de Montréal*; ces derniers (exemples de la

presse populaire) font plus fréquemment appel au registre parlé familier et à des
« titres-chocs ».

Il faut aussi savoir que le *langage des titres* est différent en anglais et en français. Les
manchettes françaises respectent plus rigoureusement la norme linguistique que dans
la presse anglaise où, pour des raisons d'économie, les articles et les verbes modaux
sont typiquement supprimés et les mots souvent choisis en fonction de leur longueur.
Par exemple, le titre *More job losses* se traduit par : « Les suppressions d'emploi se
multiplient / sont en augmentation » et non par la traduction littérale : « Encore des
pertes d'emploi » (exemple de Hiernaud, p. 42). Il faut donc recourir à des étoffements
(rajout d'articles et de verbes), mais aussi à des transpositions. De plus, la forme *-ing*,
si courante dans les manchettes anglaises, exige une traduction oblique, notamment
sous forme d'une transposition (voir *Grammaire comparée E*). Il s'agit souvent d'opérer
une nominalisation. Par exemple, *Helping at risk youths cope* pourrait se traduire par :
« Un soutien aux adolescents en crise ». Comme le conseille Hiernaud (p. 43) :

> Dans ce genre de titre, n'essayez pas de rendre le gérondif par un verbe
> et pensez plutôt au substantif français qui lui correspond : [par exemple]
> *Keeping an eye on tax-dodgers* = Les fraudeurs de l'impôt sous surveillance;
> *Tracking down crack producers* = Sur la piste des producteurs de crack.

Sur le plan typographique, on constate aussi une plus grande utilisation de lettres
majuscules en anglais qu'en français (voir *Grammaire comparée L*). Considérons à titre
d'illustration cet exemple de Watson Rodger (*Apprendre à traduire*, p. 185; Cahier du
maître, p. 242, pour le TA), soit un titre et un sous-titre annonçant un article paru dans
Le Monde :

Les Français font confiance aux scientifiques, pas aux politiques

**Un sondage réalisé par la Sofres pour le ministère de la Recherche,
dont *Le Monde* publie les principaux résultats, révèle les attentes du
public face aux enjeux scientifiques.**

**French Trust Scientists, Not Politicians
Poll Reveals Public Expectations on Major Scientific Issues
Health is Top Priority, Followed by Environment**

Nous constatons que le TA proposé respecte les conventions de la presse anglaise en
ce qui concerne la concision et l'utilisation de majuscules. Remarquez également que

A. Le texte journalistique

l'acronyme *Sofres* (Société française d'enquête par sondage), inconnu du public cible, est rendu simplement par *Poll*.

En plus de tenir compte des contraintes et du style de la presse ciblée, il faut connaître le contexte du texte source et celui du lectorat d'arrivée. Imaginons une ville qui endure depuis des semaines une grève des transports en commun, ou une ville dont le maire est présentement embrouillé dans un scandale. Les citadins en question comprennent très facilement lorsqu'un quotidien local annonce à la une : « En route! » ou « Un autre *mairdier*? »; cependant, il vaut mieux fournir plus de contexte dans la traduction.

> L'exemple classique donné dans toutes les études de traductologie est le cas d'un tueur en série qui terrorisait New York. Quand il a été enfin arrêté, le *New York Post* a titré en caractères gras un seul titre : « CAUGHT ». La psychose de la ville a cessé et les habitants ont compris que le tueur avait été appréhendé. Pourtant, la traduction de ce titre aurait dû être explicitée dans toute autre langue d'arrivée. (Astirbei, p. 36)

Effectivement, si l'on examine les manchettes du jour dans une variété de quotidiens de la presse anglaise et française, on constate rapidement des différences en raison, d'une part, des contraintes linguistiques et stylistiques du journal en question, mais aussi pour répondre aux besoins du public ciblé. Comparons ces manchettes du 11 au 12 août 2016, lorsque la Canadienne Penny Oleksiak et l'Américaine Simone Manuel ont remporté toutes les deux la médaille d'or aux Jeux olympiques de Rio, en établissant un nouveau record olympique de 52,70 secondes au 100 mètres style libre :

**Toronto's Penny Oleksiak ties for gold in 100m freestyle, breaks
Canadian record for swimming medals** (*CBC News*)
GOLDEN: Canada's 16-Year-Old Phenom Makes Olympic History (*Huffington Post*)
Rio Olympics: Simone Manuel Makes History in the Pool (*New York Times*)
Simone Manuel becomes 1st African-American swimmer to win gold (*New York Post*)
Penny Oleksiak remporte l'or ex aequo au 100 m style libre (*La Presse*)
PENNY FROM HEAVEN (*The Toronto Sun*)

Mis à part les différentes priorités du lectorat canadien et américain, on constate ici des différences typographiques (même entre les deux journaux new-yorkais). Remarquons surtout l'utilisation du latin *ex æquo*, si courante dans les manchettes de sport françaises; en anglais – « langue populaire », rappelons-le –, on préfère l'accessibilité du verbe simple et court (*ties*). L'exploit de ces deux jeunes nageuses n'a pas fait la une en France, mais, hypothétiquement, quel titre auraient publié des quotidiens comme *Le Monde*, *Le Figaro* ou *Libération*?

En somme, le traducteur est libre d'adapter son titre aux besoins du lectorat et des normes journalistiques de la presse d'arrivée. Lorsque c'est possible, il peut traduire de façon littérale, ou presque, en effectuant seulement de petites modifications comme l'ajout ou l'omission d'articles ou de majuscules, l'explicitation des sigles, etc. Une traduction anglais-français (ou vice versa) exige souvent un recours aux procédés obliques comme la *transposition* et la *modulation*. On tente aussi par *compensation* de reproduire des éléments ludiques du titre source, par des jeux de mots, des métaphores, etc. (Nous y reviendrons dans la Partie IV).

Pour conclure cette section sur le texte journalistique, résumons ainsi le devoir du traducteur (voir aussi l'article de Meertens, www.foreignword.com) :

- Respecter le contenu référentiel du TD;
- Assurer la clarté du TA;
- Adapter aux besoins du public ciblé;
- Tenir compte des contraintes de la LA (y compris du langage des titres);
- Tenir compte du ton et du style du journal cible.

Exercice III.1

Relevez les cas d'antéposition ou d'incise dans ces exemples du style journalistique français. Ensuite, traduisez ces extraits pour la presse anglaise, en tenant compte de ses préférences syntaxiques et du langage des titres.

1. **À la grâce de Grasse**

   Installée depuis 1926 dans la capitale française du parfum, près de Cannes, la famille Costa règne – en douceur – sur un territoire d'exception. [...]
   Ouverte au public, l'usine de fabrication installée dans la vieille ville de Grasse accueille 280 000 visiteurs par an. En juin, la maison inaugurera son nouveau musée, au 3-5, square de l'Opéra Louis-Jouvet, à Paris (9e). (Extrait de l'article de Lenhard, *Le Parisien*, 8/05/2015, p. 73)

   _____

   _____

   _____

   _____

2. **Les petits médiateurs de la récré**

   Dans la cour de l'école, on joue mais on se dispute aussi. À Saint-Ouen, près de Paris, des élèves sont volontaires pour apaiser les conflits entre camarades. (Titre et sous-titre de l'article de DuMeurger, *Le Parisien*, 8/05/2015, p. 61)

   _____

   _____

   _____

3. **8 mai 1945**
   Les chemins de liberté

   Pendant plus de trois cents jours, des plages de Débarquement jusqu'à Berlin en ruine, le GI Tony Vaccaro n'a jamais cessé de se battre et de photographier. Ses 8 000 clichés, dont certains sont restés célèbres, racontent une histoire intime de la Libération. Aujourd'hui âgé de 92 ans, il se souvient... (Titre et sous-titre de l'article de Hofstein, *Le Figaro Magazine*, 15/09/2015, p. 35)

_____

_____

_____

_____

4. **Faites du bruit, j'étudie!**

En Corée du Sud, des étudiants peuvent télécharger une application qui diffuse des bruits de la vie courante, enregistrés dans des cafés de Séoul. Cela, disent-ils, les aide à se concentrer lorsqu'ils étudient. Selon une étude menée à l'Université de Chicago, l'écoute des bruits de l'environnement (vagues, conversations diffuses, etc.) augmente la concentration de près de 50 % et diminue le stress de plus de 25 %. (*L'actualité*, 15/06/2015, p. 58)

_____

_____

_____

_____

_____

_____

A. Le texte journalistique

Exercice III.2

Traduisez les titres suivants en respectant les conventions de la presse française.

1. Food poisoning suspected in inmates' death.

   _____

2. Two more arrested in connection to Nice truck attack.

   _____

3. Solar-powered plane completes flight around the world.

   _____

4. IOC will not ban Russia from Rio Olympic Games.

   _____

5. Tackling unemployment is new government's priority.

   _____

A. Le texte journalistique

Exercise III.3

L'article suivant a paru dans la rubrique « Good News » de la revue *Maclean's* (3/10/2016). Quelles difficultés de traduction présente-t-il?

Along for the ride

The driverless future will soon be upon us. This week, Uber unveiled a pilot project using self-driving cars, and not to be left behind, the co-founder of its ride-sharing competitor, Lyft, said that within five years self-driving cars will make up the majority of its rides. Meanwhile, Walmart has applied for a patent on self-driving shopping carts that can congregate together, and stop clogging up parking spaces. Now, if they can find a way to fix all the carts with wonky wheels.

1. Relevez trois exemples d'accumulations en anglais et proposez des traductions possibles.

   _____

   _____

   _____

   _____

2. Doit-on traduire de la même manière les deux occurrences de la conjonction *and*? Expliquez. (voir *Grammaire comparée J*)

   _____

   _____

3. Proposez un titre en français :

   _____

4. Quelles autres difficultés avez-vous repérées?

   _____

   _____

   _____

   _____

Exercice III.4

Traduisez en respectant les préférences syntaxiques de l'anglais et en portant une attention particulière au temps des verbes.

Aimer à mort

Le 10 juillet 1873, deux coups de feu sont tirés dans une chambre d'un hôtel de la rue des Brasseurs, à Bruxelles. L'une des balles termine sa course dans un mur, mais l'autre atteint un jeune homme au poignet. Son nom : Arthur Rimbaud. Son agresseur : Paul Verlaine. Ces deux-là entretiennent depuis deux ans une relation sulfureuse, qui dérape sérieusement le jour où Rimbaud semble se détourner de son amant et parle de s'engager dans l'armée. Jusqu'au 2 janvier 2016, l'arme du crime est exposée – c'est une première – au Musée des beaux-arts de Mons, en Belgique, dans le cadre d'une exposition sur la vie et le parcours du grand poète français. Une expo intitulée Cellule 252, en référence au numéro de la cellule où Verlaine a purgé une partie des 18 mois de détention que lui a valus cette altercation, qui a bien failli coûter la vie à l'auteur du *Bateau ivre*.
(*L'actualité*, 15/12/2015, p. 51)

Devoirs A : Le style journalistique

TD français

1. Traduisez ces trois extraits du magazine québécois *L'actualité* pour une publication équivalente en anglais.

   a) (89 mots)
   Téléphonie mobile
   Le cellulaire de fiston sur écoute!
   Vous aimeriez bien savoir ce que fiston trafique avec son cellulaire? À qui votre conjoint parlait tout bas, à 2 h la nuit dernière? La société américaine Taser, connue pour ses pistolets électriques, a inventé une application qui permet de transférer par satellite sur votre propre téléphone tous les messages ou photos qui entrent dans un autre appareil et en sortent, en plus de localiser celui-ci à tout instant. Le Mobile Protector aidera les parents à protéger leurs enfants, croit Taser.
   (*L'actualité*, 15/12/2010, p. 36)

   b) (71 mots)
   Marcher comme un poisson
   Un soulier fait de peau de saumon, ça vous dirait? Femer, une entreprise française, a trouvé une façon écolo de tanner les peaux de poisson que les poissonniers destinent à la poubelle. Les tanneurs traitent ces peaux à l'aide d'écorce de mimosa – une plante exotique envahissante en France –, au lieu d'utiliser les produits chimiques traditionnels et polluants. Écologique, le cuir obtenu est aussi imperméable et... inodore.
   (*L'actualité*, 02/2016, p. 66)

   c) (73 mots)
   Des golfs électrisants!
   Au Japon, des terrains de golf changeront bientôt de vocation : ils serviront à produire de l'électricité! Le géant de l'électronique Kyocera propose de couvrir de panneaux solaires ces vastes espaces gazonnés, dont plusieurs centaines ont été abandonnés en raison de la crise économique. L'un d'eux, près de Kyoto, accueillera ses premiers capteurs d'ici 2018. Il fournira 23 mégawatts d'électricité, assez pour alimenter en énergie plus de 8 000 foyers.
   (*L'actualité*, 1/11/2015, p. 72)

2. Traduisez cet extrait de la rubrique « Économie & Entreprise » du journal *Le Monde* (22/10/2016). (247 mots)

LES MAGASINS-ENTREPÔTS COSTCO DÉBARQUENT
Le deuxième distributeur mondial derrière Walmart importe son concept en France

[...] Mardi 25 octobre, Costco Wholesale doit poser la première pierre de son premier supermarché dans l'Hexagone. [...]

Fondée en 1983, l'enseigne basée à Issaquah (État de Washington) exploite 715 magasins-entrepôts dans le monde, dont 501 aux États-Unis. Le groupe, qui a engrangé un bénéfice net de 2,35 milliards de dollars (2,15 milliards d'euros), pour un chiffre d'affaires en progression de 2 %, à 116,1 milliards de dollars, lors de son dernier exercice clos fin août, a exporté son modèle dans de nombreux pays. [...]

Dans ses énormes magasins-hangars, l'enseigne présente les produits sur des palettes; ils sont vendus par lots à bas prix à des particuliers et à des professionnels qui ont souscrit à un abonnement annuel pour y avoir accès. [...]

Sur une surface de vente de 12 000 mètres carrés, Costco proposera entre 3 800 et 4 000 références, dont la moitié en produits alimentaires, et des offres, éphémères certes, en quantités limitées mais souvent spectaculaires. Aux États-Unis, Costco a ainsi fait sensation en vendant des bagues serties de diamant à 250 000 dollars, ou encore des voitures, ou des pianos à queue...

Costco vendra aussi en France sa propre marque de distributeur, Kirkland, qui représentera, comme partout à l'international, entre 14 % et 15 % de l'assortiment, contre une part de 26 % à 28 % aux États-Unis. Villebon-sur-Yvette accueillera également le siège social français de l'enseigne. [...]

3. Traduisez cet article du quotidien *La Presse* pour le *Toronto Star* (par exemple). Respectez les normes linguistiques et stylistiques de la presse anglaise. Portez une attention particulière aux sigles et acronymes (Partie II-B2), au présent historique et aux considérations typologiques (*Grammaire comparée C et L*). (286 mots)

Les plus petits pays du monde

Il existe sur la planète 42 micro-États reconnus par les Nations unies et une poignée d'entités territoriales qui revendiquent le statut de pays souverain.

On dit que certains d'entre eux sont à peine plus grands qu'un timbre-poste. En fait, l'émission et la vente de timbres constituent deux des composantes les plus importantes de leur activité économique. Avec, dans certains cas, la vente de leur voix à l'ONU au pays le plus offrant. Valent-ils la peine d'être visités? [...]

Les îles Marshall – Un des 29 atolls et 5 îles qui composent l'archipel des Marshall porte un nom célèbre : Bikini. Le 7 mars 1946, l'armée américaine l'a fait évacuer pour, au cours des 12 années suivantes, y procéder à une vingtaine d'essais nucléaires. En 2010, l'UNESCO a inscrit Bikini sur la liste du Patrimoine mondial, à titre de « symbole d'entrée de l'humanité dans l'âge nucléaire ». Mais cette distinction aurait dû revenir à un autre atoll des Marshall : Rongelap. Le 1er mars 1954, l'armée fait exploser, sur Bikini, Castle Bravo, une bombe thermonucléaire de 15 mégatonnes, soit 1000 fois la puissance de celle qui a rasé Hiroshima. Une pluie de poussière radioactive poussée par les vents contamine les habitants de Rongelap, qui sont évacués 51 heures plus tard. En 1957, une partie de ceux qui n'étaient pas morts de leucémie ou d'une autre forme de cancer sont rentrés sur l'atoll qu'une commission sanitaire américaine avait déclaré à nouveau sécuritaire. À tort, semble-t-il, car les cas de cancer ont continué à se multiplier et les 308 habitants ont à nouveau été évacués en 1985, cette fois par Greenpeace. Deux dizaines d'entre eux sont rentrés au début des années 2000. [...] (*La Presse*, 8/01/2011, Vacances/Voyages I et II)

TD anglais

1. Traduisez en français ces trois courts articles (et leurs titres!) de la revue *Maclean's*. Portez une attention particulière à la traduction des « accumulations » en anglais (Partie II-D4).

   a) (62 mots)
   Who's suing whom?
   British Columbia: A class-action lawsuit has been filed in the B.C. Supreme Court on behalf of Canadian men who claim to have experienced prolonged sexual dysfunction after taking medication to prevent baldness. Merck Frosst Canada and its affiliated companies, which market hair-loss drugs such as Propecia and Proscar, are the targets of the suit, launched by a Vancouver man. (*Maclean's*, 14/02/2011, p. 27)

b) (82 mots)

Getting the greenlight

The U.S. Congress surprised many last week when it voted to extend tax credits for solar and wind projects by another five years, potentially adding enough energy to power an estimated eight million homes. Meanwhile, Alberta has promised to ditch its coal-fired power plants by 2030. While making the shift to less polluting energy sources isn't straightforward, as evidenced by Ontario's troubled green-energy program, it's refreshing to see governments that previously balked at such measures now leading the charge. (*Maclean's*, 11/01/2016, p. 8)

c) (103 mots)

Fallen tree house

On its surface, it sounds like a win for big government and big NIMBY: a Toronto civic committee ordered the removal of a tree house in a west-end backyard. Chalk this one up instead to a victory for kids. The $30,000 pirate-ship-shaped structure, built by the family's father, didn't just run afoul of height and zoning regulations; it violated the spirit of tree houses. They're meant to be built by or with kids, not as parents' architectural projects. In other welcome news, Ontario's children and youth services minister wants the city to end its (rather anti-Canadian) ban on road hockey. (*Maclean's*, 1/08/2016, p. 8)

2. (257 mots) Traduisez pour un quotidien franco-canadien l'extrait suivant de la presse britannique.

Conseil : *Avant de commencer votre traduction, lisez quelques articles de la presse française sur ce même sujet afin de vous familiariser avec le vocabulaire à utiliser dans votre TA.*

PISTOL FOUND IN PARIS' CANAL ST-MARTIN AS 'BIG CLEAN-UP' COMMENCES
Workers begin fishing out objects from Paris' famed Canal St-Martin after draining the picturesque waterway to renovate its locks and remove 40 tons of rubbish.

Paris authorities have begun draining the Canal St-Martin, a waterway that has become the French capital's hipster epicentre but which critics say has become an urban rubbish dump for uncouth revellers. [...]

A. Le texte journalistique

Once all the water is drained on Thursday, workers will begin dredging the canal and removing myriad objects thrown in over the past 14 years.

The last time the waterway was drained in 2001, some 40 tons of rubbish was recovered. Among the objects were bicycles, motorbikes, two empty safes, gold coins, a pallet truck, two wheelchairs, a toilet bowl and two 75 mm shells from the First World War.

A pistol has already been fished out in the first few hours of this year's clean-up operation and has been handed to police.

Workers also expect to find quite a few of the city's popular Velib' hire bikes as well as mountains of beer cans and bottles.

Cutting through northeast Paris, the Canal Saint Martin starts by the Place de la Bastille but its most frequented stretch is just east of the Place de la République.

Its grittier pre-war past was immortalised in Hôtel du Nord, Marcel Carné's 1938 iconic film where artists, gangsters and prostitutes cross paths at the hotel, now a waterfront restaurant. More recently, its quaint footbridges were captured in the feel good Parisian film Amelie. [...]
(article de H. Samuel, *The Telegraph*, 5/01/2016)

3. (287 mots) Traduisez pour un quotidien français.

Promoting a Quieter Ocean

The ocean is loud: Ship propellers, sonar, oil and gas drilling and other industrial work make noise. All that sound has been shown to interfere with the behavior of marine animals, since many of them, from whales to invertebrates, use sound for all kinds of activities, including to communicate, to find food or each other, to avoid predators and to migrate.

And while the ocean was never a quiet place – full of natural rumblings, clickings and chatterings – the problem has grown worse over the last 100 years, and significantly increased over the last 50 years in some places, much of it from commercial shipping, according to the United States National Oceanic and Atmospheric Administration. [...]

Sea mammals, in particular, have evolved to take advantage of how well and far sound can travel under water, and to compensate for poor visibility in the dark deep. Whales and dolphins have extraordinary hearing and the ability to communicate in widely varying voices. But sound produced by human activity can get in the way. In the waters off Massachusetts, oceanic scientists have observed that many whales no longer seem to register the sounds of ships, said Richard Merrick, the chief scientist for the oceanic administration's fisheries service. They do not necessarily associate the sounds of ships with danger, he said, so they do not always move out of the way.

Elsewhere, other species of whales "just shut up," he said, when ships pass by, in part because many species communicate using sounds in the same range of frequency as the noise produced by ship engines. [...]

[However,] unlike other ocean pollutants, this problem can be solved, Mr. Jasny said. "Once you stop making noise, it goes away."
(article de T. Schlossberg, *Toronto Star – The New York Times International Weekly*, 16-18 juin 2016, p. 10)

A. Le texte journalistique

B. La traduction spécialisée

[T]raduire un texte spécialisé n'est pas plus facile *que traduire un texte littéraire. Dans les deux cas, il s'agit d'une opération allant bien au-delà de la connaissance des langues de départ et d'arrivée et, dans le cas du traducteur spécialisé, elle comporte également la connaissance de la langue de spécialité du domaine dont traite le texte à traduire et la capacité de repérer rapidement et efficacement la documentation papier ou électronique nécessaire à la traduction.* [...] (Scarpa, p. 308)

1. Qu'est-ce qu'un texte *spécialisé* et comment le traduit-on?

Un texte est dit *spécialisé* lorsqu'il relève d'un domaine socioprofessionnel précis et utilise une langue technique ou *spécialisée* (par ex., langue juridique, médicale, scientifique, langue de la finance, de l'informatique, de l'administration). La fonction de ce type de texte est *référentielle*, avec un but souvent didactique : renseigner le lecteur dans un domaine de recherche particulier. On distingue trois situations dans lesquelles le spécialiste se trouve à communiquer, utilisant plus ou moins de termes techniques, d'explications, d'illustrations, etc. (voir Scarpa, p. 19-20, citant Gotti, 1991 et 2005) :

- avec ses pairs (exposé scientifique);
- avec ses étudiants (instruction scientifique);
- avec un public non spécialiste, par vulgarisation (journalisme scientifique).

Les principales caractéristiques de la langue spécialisée sont les suivantes :

- La densité lexicale et l'utilisation d'un vocabulaire spécialisé;
- La concision (pas de **redondances**!) et la clarté (pas d'ambigüité!);
- L'organisation logique et efficace de l'information (à l'aide de mots charnières). Il faut éviter les références *anaphoriques* et *cataphoriques* (ce qui est annoncé avant ou après);
- Le recours à la *nominalisation*, favorisant la concision du texte (**Note** : à la différence de l'anglais, le français maintient l'article; voir *Grammaire comparée A*);

- La préférence pour le verbe copule (conjugué surtout au présent de l'indicatif), l'infinitif, les participes présent (surtout en anglais) et passé;
- La *dépersonnalisation* : jamais de 1re personne du singulier, de discours direct ou d'expressions de subjectivité. Le texte spécialisé se caractérise par l'utilisation de structures impersonnelles et de formes passives.

Pour traduire un texte spécialisé, toutes les techniques de traduction présentées dans la Partie II s'avèrent utiles :

- L'**emprunt** et le **calque** pour combler des lacunes (notamment en informatique), par ex. : *matchcoding* (emprunt), *exploration de données* (calque de *data mining*) (Scarpa, p. 220).
- La **transposition** (« paraphrase syntaxique »), notamment la nominalisation du -*ing* anglais, par ex. : *when analysing = dans l'analyse de*; *opening a document = ouverture d'un document*; *borrowing money = prêt monétaire* (Scarpa, p. 173, 198).
- La **modulation** (« paraphrase sémantique »), surtout les modulations fixes (celles qui ont été lexicalisées), par ex. : *shift-work sleep disorder = trouble du sommeil du travailleur par équipes* (passage de l'inanimé, ce qui cause le trouble, à l'animé, ceux qui en sont affectés) (Scarpa, p. 174).
- L'**adaptation** (« paraphrase pragmatique ou culturelle »), par ex. : remplacer une image ou une allusion au baseball par le foot ou le hockey; adapter une référence temporelle, comme les débuts de la télévision (les années 1940 aux É.-U. = les années 1950 en France) (Scarpa, p. 175).
- L'expansion, l'ajout d'éléments, notamment l'**étoffement** de la préposition en français et lors de la traduction d'accumulations typiques de l'anglais; par ex. : *econometric policy evaluation critique = critique de l'évaluation des effets des politiques économiques basées sur les modèles économétriques* (Scarpa, p. 177).

2. Stratégies particulières au passage de l'anglais au français

a) Le texte spécialisé est caractérisé par la répétition lexicale, qui favorise la cohésion lexicale et la conceptualisation du message (Scarpa, p. 44). Toutefois, la tolérance pour la répétition lexicale *est beaucoup moins grande en français*. Afin de supprimer des répétitions dans le TA, on peut avoir recours à des pronoms démonstratifs, comme dans l'exemple suivant (cité par Scarpa, p. 183) :

B. La traduction spécialisée

Increases in cash add to <u>the beginning balance</u>. Because the <u>beginning balance</u> is recorded ON THE LEFT SIDE OF THE T-ACCOUNT, *increases in cash* are recorded ON THE LEFT SIDE OF THE T-ACCOUNT. Decreases are recorded on the right side.

= *Les augmentations de l'encaisse* s'ajoutent au <u>solde de compte de départ</u>, et puisque <u>ce dernier</u> se trouve reporté à la COLONNE DE GAUCHE DU COMPTE EN T, *celles-ci* sont également ajoutées à CETTE COLONNE et les diminutions, à la colonne de droite.

b) Le français utilise plus de mots charnières que l'anglais afin de souligner les rapports logiques d'une proposition à une autre. Et, dans un texte français, on évite la répétition du même mot connecteur; par exemple, *cependant, toutefois, pourtant, par contre* et *en revanche* pourraient traduire cinq occurrences de l'adverbe *however*. Il faut porter une attention particulière à la traduction du connecteur passepartout *and*, qui pourrait se traduire, selon le contexte, par *tandis que* (fonction adverbiale), *en fait* (fonction déclarative), *puisque* (fonction causale), etc. (selon Scarpa, p. 186-187; voir aussi *Grammaire comparée J*).

c) L'anglais privilégie le déictique (*This/That* + verbe) en tête de phrase pour reprendre ou résumer ce qui précède; en français, toutefois, il vaut mieux souligner ce lien logique par d'autres moyens, par exemple par l'utilisation d'un gérondif (l'exemple ci-dessous est cité par Scarpa, p. 205-206).

Programs that have an autocorrect feature highlight the words that aren't in the dictionary as you type them. *This* makes it easy to correct misspellings as you go along.

= Les programmes munis d'un correcticiel signalent les mots qui ne sont pas répertoriés au dictionnaire au fur et à mesure que l'on écrit, *permettant ainsi* de corriger immédiatement toute erreur d'orthographe éventuelle.

Une autre stratégie est l'étoffement du pronom démonstratif par un nom (exemples de Vinay et Darbelnet, p. 112) :

This in itself presented a difficulty. = *Cette opération* présentait en soi une difficulté.
This proved to be extremely resilient. = *Ce matériau* s'est révélé extrêmement résistant.

d) La technique de dépersonnalisation est très importante lorsqu'on traduit un texte spécialisé de l'anglais au français. L'anglais permet des référents personnels,

B. La traduction spécialisée

tels *we* (l'auteur) et *you* (le lecteur), qu'il faut dépersonnaliser en français. Pour y arriver, Scarpa propose une variété de stratégies (p. 208-210), notamment :

- L'utilisation du passif en français (*we discuss X = X sera analysé*);
- L'utilisation du pronom *on* impersonnel (*As you can see = Comme on peut le constater*; *Recall that… = On se souviendra…*);
- La traduction de l'impératif anglais par l'infinitif français (*Click a topic to find out more.= Pour de plus amples renseignements, cliquer sur…*).

Exemples

Exemple nº 1. Comparez les versions anglaise et française d'une annonce de la part de Scotiabank/la Banque Scotia (*Maclean's*, nº 129, 02/2016, p. 40; *L'actualité*, 03/2016, p. 34).

Ask an Expert
(This edition of *Ask an Expert* is brought to you by Scotiabank.)
= Un expert vous répond
(*Argent* présenté par la Banque Scotia)

Stretch your investment dollar further. Make an RSP* contribution, then use your tax refund to invest in a TFSA. Ask a Scotiabank advisor how this works.
= Faites fructifier vos économies. Cotisez à un REER et utilisez votre remboursement d'impôt pour investir dans un CELI. Consultez un conseiller de la Banque Scotia pour en savoir plus.
*RSP = RRSP

L'extrait ci-dessus illustre plusieurs des techniques de traduction abordées dans la Partie II :

- Modulation : *Ask an Expert = Un expert vous répond* (renversement de la perspective);
- Modulation : singulier (*dollar*) = pluriel (*économies*);
- Dépersonnalisation : (*brought*) *to you* supprimé en français (par contre, l'utilisation de l'impératif et de *vos*, *votre*, car il s'agit d'une annonce publicitaire.);
- Le déictique (*This… this*) supprimé en français;
- Hausse du lexique en français (*stretch your dollar = faites fructifier*);

- Sigles équivalents : RRSP (Registered Retirement Savings Plan) = REER (Régime enregistré d'épargne-retraite), TFSA (Tax Free Savings Account) = CELI (Compte d'épargne libre d'impôt);
- Économie (en français, cette fois!) : *make a contribution = cotisez.*

Exemple nº 2. Sur une boîte de médicaments :

Scored tablets = des comprimés sécables
Do not use if seal is broken. = Ne pas utiliser si le sceau est brisé.
Should any unexpected side effects occur while taking this medication, contact your doctor or pharmacist.
= En cas de réactions indésirables inattendues pendant la prise de ce médicament, contacter un médecin ou un pharmacien.

Nous y repérons les procédés suivants :

- Modulation : *Scored tablets = des comprimés sécables*
- le moyen (l'empreinte d'une ligne) et le résultat (grâce à cette ligne on peut les couper).
- Dépersonnalisation : impératif = infinitif (*utiliser, contacter*); *your* = art. indéfini *un.*
- Transposition/nominalisation des formes verbales (*should... occur = en cas de*; *taking = la prise*).

Exemple nº 3 (cité par Delisle, p. 361) :

When you think of wheat, you may think of endless fields of grain under a hot summer sun. But when you take a close look at those golden shafts of grain, you find that wheat has a lot of the basic nutrition you need as part of a good diet.
= Le blé évoque souvent l'image de vastes prairies ondulant sous le chaud soleil d'été. Mais en examinant de plus près ses riches épis dorés, on découvre qu'il regorge d'éléments nutritifs essentiels à un régime équilibré.

Nous y repérons les procédés suivants :

- Dépersonnalisation du *you* anglais : When *you* think of... *you* may... = *le blé évoque l'image* (cas de modulation et plus abstrait en français); when *you* take a close look = *en examinant de plus près* (cas de transposition : le gérondif en français); *you* find that = *on* découvre que (pronom impersonnel); the nutrition *you need* = les éléments... *essentiels* (cas de transposition : adjectif en français et cas d'économie).

- Hausse du registre : *a lot of = regorge de, think = évoque.*
- Répétition lexicale supprimée : *wheat* (deux occurrences) = *le blé, il.*
- Étoffement de la préposition : *under... = <u>ondulant</u> sous...*

En somme, les exemples que nous venons d'étudier illustrent bien les principales stratégies de la traduction spécialisée. Tout aussi importante, rappelons-le, est la démarche terminologique à suivre, soit la triade *recherche – choix – vérification* (Benis).

B. La traduction spécialisée

Exercice III.5

Le passage ci-dessous constitue un bon exemple de journalisme scientifique. L'auteur Lawrence Hill s'adresse à un public non spécialisé dans le cadre de la série *Massey Lectures*. Identifiez les différentes stratégies auxquelles la traductrice Carole Noël a eu recours.

TD

Diabetes stands out as one of the most common defects of the pancreas, and thus the blood, to be passed from one generation to another. It has reached epidemic proportions in Canada and other countries. Diabetes associations in North America estimate that some twenty-six million Americans and three million Canadians suffer from the disease. It manifests itself in three basic ways. As the Canadian Diabetes Association notes, Type 1 diabetes usually shows up early in life and results from an inability of the pancreas to produce the hormone insulin, which regulates the amount of glucose (or sugar) in the blood. Type 2 diabetes presents itself more often in adulthood (although more children are being affected as the epidemic grows), and involves an inability of the pancreas to produce sufficient insulin or an inability of the body to use the insulin well. Finally, gestational diabetes occurs during pregnancy and is considered temporary.

The consequences of diabetes can be lethal. Excessively high

TA

Le diabète est l'un des désordres les plus courants du pancréas et, par conséquent, du sang, qui se transmet d'une génération à l'autre. Il atteint des proportions endémiques au Canada et dans d'autres pays. Selon des associations de diabétiques en Amérique du Nord, quelque 26 millions d'Américains et 3 millions de Canadiens souffrent de cette maladie, qui se manifeste sous trois formes principales. Comme l'indique l'Association canadienne du diabète, le diabète de type 1 apparaît tôt dans la vie et résulte d'une incapacité du pancréas à produire de l'insuline, hormone qui règle la quantité de glucose (ou sucre) dans le sang. Le diabète de type 2 se présente le plus souvent à l'âge adulte (même si plus d'enfants en sont atteints à mesure que l'épidémie progresse) et découle de l'incapacité du pancréas à produire suffisamment d'insuline ou de l'incapacité de l'organisme à utiliser adéquatement cette hormone. Enfin, le diabète gestationnel se produit pendant la grossesse, et on le considère comme transitoire.

Les conséquences du diabète peuvent être fatales. Des niveaux levels of blood glucose eat away at our nerve endings, attacking the organs and the body's extremities. This can lead to blindness and foot and leg amputations. It can also lead to kidney failure and death. Some people call the disease "the silent killer," because diabetics do not generally experience significant pain or discomfort in the early phases of the disease. It's a misnomer, however, because if it proceeds untreated or is poorly managed, the body will break down in the most excruciating ways, requiring operations, amputations, and dialysis.

excessivement élevés de glucose sanguin érodent les terminaisons nerveuses, attaquant les organes et les extrémités du corps. Ce processus peut mener à la cécité et à l'amputation d'un pied ou d'une jambe. Il peut aussi entraîner une insuffisance rénale et la mort. Certains qualifient le diabète de « tueur silencieux » parce qu'en général, les diabétiques ne ressentent pas de douleurs ou de malaises perceptibles dans les premiers stades de la maladie. L'expression n'est pourtant pas appropriée, car si la maladie n'est pas traitée ou si elle est mal contrôlée, la dégradation du corps s'accompagnera de douleurs atroces nécessitant des interventions, des amputations et de la dialyse.

(*Blood: The Stuff of Life*, 2013, p. 57-58 / *Le sang, essence de la vie*, 2014, p. 63-64)

_____

_____

_____

_____

_____

_____

_____

B. La traduction spécialisée

Exercice III.6

S'il fallait traduire l'extrait ci-dessous pour l'inclure dans un livre d'art culinaire français, à quelles techniques de traduction aurait-on recours? Décrivez notamment la *hausse du registre* et les *nominalisations* qui s'imposent.

Basics

Cooking requires the passion of an artist and the practical approach of a scientist. The artistry can be affected by your style, mood or personality but the science of cooking does not change. Sugars will caramelize, water will turn to steam, proteins will coagulate and fermentation will occur. Arming yourself with a set of basic skills allows you to cook as well as anyone, but at your own pace.

The building block of savory cooking is always a well-made stock. Take the time to make your own, on an as-needed basis or as a weekly ritual. It really does make a difference in soups, sauces, stews, rice and vegetables. At the restaurant, we say that if a culinary student is to learn only one thing at cooking school, it should be the importance of a good chicken stock. (extrait de Olson, p. 17)

_____

_____

_____

_____

_____

_____

_____

_____

Exercice III.7

Les journaux scientifiques canadiens exigent que les résumés d'article (*abstracts*) soient présentés dans les deux langues officielles. Proposez une traduction pour le résumé ci-dessous, destiné à des chercheurs et à des étudiants en psychologie. Ensuite, comparez votre TA à celui proposé par les auteurs (francophones) de cet article (voir *Corrigé*).

Résumé

La recherche porte sur les jeux de fiction avec le téléphone. Soixante-dix enfants (30-36 mois) ont été observés individuellement dans une situation semi-standardisée. Ils doivent téléphoner fictivement à une personne absente (premier degré de complexité fictionnelle), à une poupée absente (second degré de complexité fictionnelle), à une poupée présente dans la pièce (troisième degré de complexité fictionnelle). Trente-six enfants sont observés une seconde fois : 18 enfants après apprentissage du script et 18 sans apprentissage. Les résultats montrent que : 1) l'activité ludique des enfants dépend du degré de complexité fictionnelle qui caractérise la situation de communication; 2) la complexité fictionnelle des jeux ne prédit pas le niveau du script ni celui des productions langagières; 3) les variations du niveau du script ne prédisent pas les modifications des autres scores (jeux et langage). Ces résultats sont interprétés dans le cadre d'une théorie des systèmes de représentations qui permettent l'évocation de l'interlocuteur, l'exécution du script et la conversation téléphonique. (Guillain et Pry [2014], « Jeu de fiction chez l'enfant entre 30 et 36 mois : script et langage », *Revue canadienne des sciences du comportement*, 46[2], p. 205. [Résumé])

_____

_____

_____

_____

_____

_____

B. La traduction spécialisée

_____

_____

_____

_____

_____

Devoirs B : La traduction spécialisée

Note : *Il faut des connaissances approfondies dans le domaine pour comprendre et donc pour bien traduire un texte destiné à des spécialistes. Pour cette raison, le choix de devoirs proposés ici se limite à des textes écrits pour un public non spécialiste ou à des fins pédagogiques.*

TD français

1. (301 mots) Traduisez ces extraits d'un manuel de phonétique française destiné à des étudiants universitaires.

> En anglais, les mots sont nettement démarqués grâce à l'accent fort ou à l'accent secondaire que porte l'une de leur syllabe [sic], mais aussi grâce aux **jonctures**. Celles-ci sont diverses caractéristiques phonétiques des consonnes qui se trouvent à la fin ou au début des mots. Par exemple, les deux groupes de mots suivants, *the night rate* vs. *the nitrate*, sont identiques du point de vue des voyelles, des consonnes et des accents qu'ils contiennent. Mais, en les articulant nettement, vous noterez que dans le premier groupe *night* se termine avec un /t/ faiblement articulé et que le /r/ de *rate* commence avec un /r/ fort, typique des /r/ initiaux. Ces variantes phonétiques de /t/ et /r/ indiquent qu'il y a une frontière, une joncture, entre les deux mots. Par contre, dans le deuxième groupe, ces deux consonnes ne sont pas séparées par une joncture et elles s'influencent mutuellement. Le /t/ de *nitrate* est fort, plus caractéristique des /t/ initiaux, et le /r/ est faible. En fait dans certaines variétés d'anglais américain la séquence /tr/ de *nitrate* ressemble presque à la consonne initiale de *chew*. La joncture, se combinant avec l'accentuation, permet aux Américains de

distinguer entre *it swings* vs. *its wings* ou *a nice man* vs. *an iceman*. Ces distinctions sont très difficiles pour les Français qui apprennent l'anglais puisqu'ils ont tendance à transposer la structure syllabique de leur langue qui ne connaît ni les différences d'accentuation des syllabes, ni les jonctures à la frontière des mots.

En effet, en français, il n'y a pas de délimitation nette de la frontière des mots puisque l'unité rythmique fondamentale n'est pas le mot mais le groupe rythmique. Les mots perdent leur individualité; ils ne sont qu'une suite de syllabes qui se fondent au sein de cette plus large unité qu'est le groupe rythmique. [...] (Valdman, *Bien entendu!*, p. 34)

2. (249 mots) Voici un extrait d'un blogue tenu par une sommelière qui décrit ici l'élaboration du vin rosé. Proposez-en une traduction anglaise. En faisant votre recherche terminologique, n'oubliez pas l'étape *vérification*. (Il existe de nombreux sites web bilingues traitant du sujet de la vinification...)

Pourquoi un vin est-il rosé? Comment fabrique-t-on du vin rosé?
À l'origine, c'est le même procédé que la vinification des vins rouges, sauf que la coloration du moût est restreinte. Le moût de raisin est le jus frais, non fermenté, obtenu après foulage ou pressurage des raisins.

Qu'est-ce qui permet la coloration du moût?
Ce sont les colorants naturels, les anthocyanes, qui sont présents dans la peau des raisins noirs qui colorent le moût.

Comment diminuer la coloration du moût?
Plus le moût macère au contact des peaux, plus la coloration sera prononcée, aussi en séparant les peaux du moût, on arrête la coloration de ce dernier.

Vinification :
Tout d'abord le raisin est vendangé, puis pressuré ou foulé.
C'est ce qui permet d'obtenir le moût de raisins.
Ensuite ce dernier macèrera en cuve, le temps nécessaire pour la coloration du vin, c'est la cuvaison.
Lorsque le moût aura atteint le niveau d'intensité souhaité, il sera soutiré de la cuve, c'est-à-dire transvasé d'une cuve à une autre, pour être fermenté. [...]

Exception :

La région Champagne est la seule région autorisée à réaliser des vins rosés par mélange de vins rouges et de vins blancs, cette opération s'appelle le coupage.

Aussi, si sur l'étiquette d'une bouteille de champagne rosé vous lisez : **« Rosé de Saignée »,** c'est que le champagne rosé a été produit comme un vin tranquille rosé, sans assemblage de vin rouge et blanc; dans le cas contraire vous saurez que c'est un rosé d'assemblages.

(Merienne, « Fabrication, Comment fait-on du vin rosé? », blogue publié le 5 août 2016. www.labivin.net/article-21622640.html)

3. (287 mots) Traduisez les extraits suivants du guide alimentaire de France. ***Note :*** *Le guide alimentaire canadien, dont les versions anglaise et française se trouvent sur le site officiel du gouvernement (Health Canada/Santé Canada), vous servira de point de départ.*

Manger est un des plaisirs de la vie! Il nous procure un certain bien-être que nous associons souvent à une bonne santé. Et il est vrai que nous construisons notre santé avec notre alimentation. [...]

Trois produits laitiers par jour

Le rôle du calcium pour la bonne santé des os est reconnu, d'où l'intérêt de consommer des produits laitiers (lait, yaourts et fromages) qui constituent une source très importante de calcium, en particulier pendant l'enfance, l'adolescence et le 3e âge. Le calcium intervient aussi dans d'autres phénomènes vitaux : contraction musculaire, coagulation sanguine, etc. Trois produits laitiers par jour, c'est par exemple, prendre du lait au petit-déjeuner, un yaourt à midi et du fromage le soir. Le goûter peut aussi être l'occasion de manger un yaourt ou de boire un verre de lait.

Le pain

Pour tous, intégrer le pain dans le repas est essentiel : il rassasiera les plus grands appétits. Blanc, bis, aux céréales ou complet, alternez les variétés proposées pour profiter de leur complémentarité. Il n'y a pas de recommandations spécifiques sur la quantité de pain à consommer par repas, mais manger l'équivalent d'une baguette de pain par jour n'est pas excessif; il faut même en prévoir davantage pour les adolescents et les sportifs. Cette quantité doit, en fait, être modulée en fonction de celle des autres féculents et produits céréaliers (biscottes, céréales prêtes à consommer) consommés dans la journée. [...]

L'alcool

Il faut savoir que l'alcool, contrairement aux protéines, glucides, lipides, vitamines ou minéraux, n'est pas indispensable biologiquement. La réduction du risque de maladies cardiovasculaires suggérée par certaines études (et non clairement démontrée) ne s'observe, de toute façon, que pour des consommations inférieures à l'équivalent de 2 verres de vin par jour. [...]

(Extraits du document « La santé vient en mangeant – Le guide alimentaire pour tous », Document élaboré dans le cadre du Programme national nutrition-santé, 2002. social-sante.gouv.fr/IMG/pdf/guide_alimentairetous.pdf)

TD anglais

1. (383 mots) Traduisez les extraits ci-dessous d'un manuel destiné à des étudiants en études sociojuridiques (*legal studies*).

   Conseil : Consultez les banques terminologiques du gouvernement canadien ainsi que celles des universités de Moncton (CTTJ) et d'Ottawa (CTDJ) :
   - http://www.cttj.ca (Centre de traduction et de terminologie juridiques)
   - http://ctdj.ca (Centre de traduction et de documentation juridiques)

   #### Crimes versus Torts
   A **crime** is a public wrong, an offence that has been committed against the public interest (Boyd, 2002). The definition of an act as a crime signals that the harm represented by the act is so serious as to require public condemnation and punishment. The goal of state-administered punishment is to deter the specific offender from committing further crimes (**specific deterrence**) and to deter members of the general public from committing offences by "making an example" (**general deterrence**). Owing to the fact that the commission of a crime is considered to be so serious an act, and the punishment so severe, the determination of who is responsible for (guilty of) the crime must be determined in court "beyond a reasonable doubt." Part of this determination requires that the person accused of the crime be shown to have been possessed of an evil intent (*mens rea*) when the evil act (*actus rea*) was committed.

B. La traduction spécialisée

A **tort** is a wrong committed against the private interest of an individual, corporation, or government (Boyd, 2002). The wrong committed may be intentional, or due to negligence. Torts are viewed as less serious than crimes, as the harm that has been done is limited to specific individuals or organizations. As a result, it is left up to the party that has been wronged (the plaintiff) to file an action in court to have the wrongdoer (the defendant) punished, usually in the form of a payment of damages. At the same time, because a tort is treated less seriously than a crime, a lower standard based on a balance of probabilities as to who is *probably* responsible is used to determine who is "at fault" (Fridman, 1978). In addition, unlike in the case of crime, it is not a requirement in tort law that it be shown that the defendant intended to do harm; it is enough to show that the defendant's actions, intended or not, caused harm to someone else.[...]

In Canada, there are two systems of tort law in operation. In Quebec, matters involving private wrongs are dealt with according to the law of delicts, or law of civil responsibility. In all of the other provinces and territories, a system of tort law derived directly from the English common law system is in effect. [...]

(Brown, in Vago & Nelson, *Law and Society*, 4th ed., p. 80-81)

2. Voici deux extraits du site officiel du gouvernement de la Colombie-Britannique. Il s'agit d'abord d'une introduction concernant de récentes mesures adoptées par cette province pour la protection de l'environnement, puis d'un extrait de l'article 44 d'un nouveau règlement.
(source : www2.gov.bc.ca/gov/content/environment/air-land-water/water/laws-rules/water-sustainability-act)

a) (135 mots)
Water Sustainability Act
The *Water Sustainability Act* (WSA) was brought into force on February 29, 2016 to ensure a sustainable supply of fresh, clean water that meets the needs of B.C. residents today and in the future.

The WSA is the principal law for managing the diversion

b) (237 mots)
Water Sustainability Regulation
effective February 29, 2016
Protection of aquatic ecosystem
44 (1) In this section, **"timing window"**, in relation to a stream, means a period of the calendar year, specified under this section by a habitat officer, during which changes in and about the stream can be made without causing a risk of significant harm to fish, wildlife or the aquatic ecosystem of the stream.

and use of water resources. The WSA provides important new tools and updates B.C.'s strategy for protecting, managing and using water efficiently throughout the province.

Key Changes Introduced by the WSA

The WSA introduces a number of changes to the way that water is managed in B.C. Key changes under the WSA include

- Licensing groundwater for non-domestic use
- New fees and rentals for water use
- Stronger protection for aquatic ecosystems
- Expanding protection of groundwater related to well construction and maintenance
- Increasing dam safety and awareness

(2) A habitat officer may provide to a person carrying out or proposing to carry out an authorized change in accordance with this Part, for the protection of an aquatic ecosystem, a written statement containing terms and conditions applicable to the person in relation to the following:

a) the timing window during which the change may be made;

b) the minimum instream flow or the minimum flow of water that must remain in the stream while the change is being made;

c) the removal of material from the stream or stream channel in connection with the change;

d) the addition of a substance, sediment, debris or material to the stream or stream channel in connection with the change;

e) the salvage or protection of fish or wildlife while the change is being made or after the change has been made;

f) the protection of natural materials and vegetation that contribute to the aquatic ecosystem or stream channel stability;

g) the restoration of the worksite after the change has been made. [...]

3. (264 mots)

Au début du cours (Exercice I.12), vous avez traduit un petit article destiné à de jeunes lecteurs au sujet des empreintes digitales. Voici maintenant un texte sur ce même sujet ciblant un public plus averti, soit un extrait du document intitulé « A Simplified Guide to Fingerprint Analysis » publié par le National Forensic Science Technology Center (USA).

Fingerprint dusting is relatively simple and relies on the adherence of powder to the latent print residue to provide good visibility and definition of fingerprint detail. Latent print powder has an affinity for moisture and preferentially clings to the residue deposited by friction ridge skin. It is well accepted that the mechanical attraction between these particles and the moisture and oily components in a print causes adhesion, with absorption being a factor (Olsen, 1978, pp. 212–214; Lee and Gaensslen, 2001, pp. 108–109). Particle size, shape, relative surface area (Olsen, 1978, pp. 212–214), and charge (Menzel, 1999, p. 143) appear to play roles as well.

Most commercial powders rely on at least two essential elements to provide adhesion to latent print residue without "painting" the substrate. These elements are referred to as pigment and binder. The pigment in fingerprint powder provides for effective visualization, offering contrast and definition against the background surface. The binder (also referred to as the carrier in some applications) provides for maximum and preferential adhesion to latent print residue (Menzel, 1999, p. 143). Some pigment powders offer enough adhesion to be used individually. Background painting occurs when an undesirable amount of powder adheres to the substrate as well as the latent print, hindering detection.

Visualization will occur via reflected light (light powders), absorbed light (dark powders), and luminescence (fluorescent powders). Sometimes powders are combined for effectiveness on both light and dark substrates. This is the case with bichromatic powder, which uses highly reflective aluminum powder mixed with black powder to achieve visualization on both light and dark surfaces. [...]

B. La traduction spécialisée

C. La traduction littéraire

On fait un drôle de travail, nous les traducteurs. N'allez pas croire qu'il nous suffit de trouver les mots et les phrases qui correspondent le mieux au texte de départ. Il faut aller plus loin, se couler dans l'écriture de l'autre comme un chat se love dans un panier. On doit épouser le style de l'auteur.
(Poulin, 2006, p. 41)

1. Traduire le contenu non référentiel

À la différence des textes journalistiques et spécialisés, le but d'un texte littéraire n'est pas d'informer le lecteur, mais de l'inviter dans un univers fictif, de lui raconter une histoire. Les priorités du traducteur devant un texte dont les fonctions principales sont *esthétique* et *expressive* (et non référentielle), et les difficultés que celui-ci présente, font l'objet de cette section.

Pour commencer, le traducteur doit bien saisir l'intention et le ton de l'auteur. Par exemple, dans les premières lignes de son roman *L'empreinte de l'ange* (prologue), Nancy Huston écrit :

L'histoire qu'on va lire commence en mai 1957, à Paris.

Il ne s'agit pas simplement de situer son récit dans le temps et dans l'espace; l'auteure désire établir un lien étroit, une complicité, avec son lecteur, dès le départ. Il est donc important de reconnaître l'usage familier du pronom « on » (*on = nous*) et de traduire par :

"The story we are about to read...", ou bien : "Our story begins..."

En abordant un texte littéraire, il faut en analyser le style, car le contenu stylistique est tout aussi important – et parfois même *plus* important – que le contenu sémantique. Par exemple, l'ordre, le type et la longueur des phrases servent à créer un effet intentionnel que le traducteur doit savoir reconnaître et tenter de reproduire. À titre d'illustration, considérons le passage suivant de Maryse Condé, *Les belles ténébreuses* (2008) :

[...] Le S.S. *Turkwaz* accommodait peu de passagers, car il ne comptait qu'une demi-douzaine de cabines. Elles étaient occupées par un couple de retraités français, un ecclésiastique italien atteint d'emphysème et à qui, pour cette raison, l'avion était interdit, un photographe suédois qui braquait sa caméra sur tout et rien, deux musiciens anglais et leurs femmes qui avaient passé des mois à enregistrer les airs des Pygmées du Gabon, et un cheikh nigérien dont les trois épouses demeuraient enfermées pour cause de mal de mer. Par contre, ses huit garçons et filles à l'étroit dans leur habitacle se précipitaient au-dehors dès le petit matin et détruisaient tout sur leur passage, comme des sauterelles s'abattant sur un champ.

Il est clair que les détails concernant les différents personnages sont secondaires à la qualité et à l'organisation des descriptions. Notamment, l'écrivaine propose une longue énumération des passagers, chaque « entrée » ponctuée par une proposition relative descriptive – sans pour autant tomber dans le piège d'une phrase « tiroir » – et la description se termine par une image particulièrement délicieuse (comparant les huit enfants à des « sauterelles s'abattant sur un champ »). Le but de l'auteure est clair : produire un effet humoristique, manier habilement la langue pour remplir des fonctions à la fois ludique et esthétique.

Considérons maintenant les trois premières phrases du roman *Ru* de Kim Thúy (2009, p. 11) :

> Je suis venue au monde pendant l'offensive du Têt, aux premiers jours de la nouvelle année du Singe, lorsque les longues chaînes de pétards accrochées devant les maisons explosaient en polyphonie avec le son des mitraillettes. J'ai vu le jour à Saigon, là où les débris des pétards éclatés en mille miettes coloraient le sol de rouge comme des pétales de cerisier, ou comme le sang des deux millions de soldats déployés, éparpillés dans les villes et les villages d'un Vietnam déchiré en deux. Je suis née à l'ombre de ces cieux ornés de feux d'artifice, décorés de guirlandes lumineuses, traversés de roquettes et de fusées.

Ce n'est pas un hasard que chaque phrase débute de la même – mais pas tout à fait de la même – manière (soit par trois variations de *Je suis née*), ni que les images de la célébration du Nouvel An soient juxtaposées à celles de la guerre, enchaînées de façon à créer une musicalité mélancolique. La traductrice Sheila Fischman a reconnu l'importance du contenu *stylistique* de ces phrases et l'a préservé ainsi (*Ru*, 2012, p. 1) :

> I came into the world during the Tet Offensive, in the early days of the Year of the Monkey, when the long chains of firecrackers draped in front of the

houses exploded polyphonically along with the sound of machine guns. I first saw the light of day in Saigon, where firecrackers, fragmented into a thousand shreds, coloured the ground red like the petals of cherry blossoms or like the blood of the two million soldiers deployed and scattered throughout the villages and cities of a Vietnam that had been ripped in two. I was born in the shadow of skies adorned with fireworks, decorated with garlands of light, shot through with rockets and missiles.

La primauté de telles considérations stylistiques est ce qui distingue la traduction littéraire des autres types de traduction. Landers (p. 7) l'explique à l'aide de l'analogie suivante :

The freight-train analogy is a useful one: in technical translation the order of the cars is inconsequential if all the cargo arrives intact. In literary translation, however, the order of the cars – which is to say the style – can make the difference between a lively, highly readable translation and a stilted, rigid, and artificial rendering that strips the original of its artistic and aesthetic essence, even its very soul.

Caractérisé par un style travaillé, le texte littéraire témoigne aussi d'une grande recherche lexicale où un seul mot peut revêtir une valeur importante, même symbolique. Considérons par exemple le dernier paragraphe de *Madame Bovary* de Gustave Flaubert :

Depuis la mort de Bovary, trois médecins se sont succédé à Yonville sans pouvoir y réussir, tant M. Homais les a tout de suite battus en brèche. Il fait une clientèle d'enfer; l'autorité le ménage et l'opinion publique le protège.
    Il vient de recevoir la croix d'honneur.

Selon *Larousse*, la locution adjectivale *d'enfer* = horrible, infernal, – Par ext. Excessif; *Le Petit Robert* cite aussi l'usage familier (FAM.) de « remarquable », « extraordinaire ». Lors du centenaire de cette œuvre classique, une nouvelle traduction (américaine) a paru, de Francis Steegmuller (Quality Paperback, 1991). Dans sa préface, le traducteur note que dans des versions précédentes on a choisi de traduire « *Il fait une clientèle d'enfer* » (pour décrire la prospérité du pharmacien Homais) par « *His practice grows like wildfire* » ou encore « *He is doing extremely well* ». Or, selon Steegmuller :

All these are faithful to the French idiom. And yet, surely, the word "enfer" ("hell") isn't present in the original for nothing. The mere use of the

C. La traduction littéraire

term suggests at once that Homais, prince of the bourgeois, is an earthly counterpart of the prince of darkness. (p. xiv)

Steegmuller choisit donc d'évoquer le même symbolisme en anglais :

Since Bovary's death, three doctors have succeeded one another in Yonville, and not one of them has gained a foothold, so rapidly and so utterly has Homais routed them. The devil himself doesn't have a greater following than the pharmacist: the authorities treat him considerately, and public opinion is on his side.
He has just been awarded the cross of the Legion of Honor.

Pareillement, dans une traduction pour Bantam Books (1959), le traducteur Lowell Bair a également choisi de préserver ce symbolisme « diabolique » :

Since Bovary's death, three different doctors have tried to establish themselves in Yonville, but they have all been swiftly driven away by Monsieur Homais' vehement attacks. He now has more patients than the devil himself could handle; the authorities treat him with deference and public opinion supports him.
He has just been awarded the cross of the Legion of Honor.

Pour conclure cette section, rappelons que le traducteur du texte littéraire doit s'efforcer de respecter :

- le style, le ton et l'intention de l'auteur(e);
- les valeurs ludiques, esthétiques et/ou symboliques du TD.

En revanche, les meilleurs traducteurs littéraires confirment qu'il est impossible de réaliser un TA qui rende parfaitement l'essence de l'original, et que l'on pourrait travailler et retravailler son texte jusqu'à la fin de ses jours sans pour autant arriver à « la perfection ». Il s'agit de faire de son mieux avec les outils et les compétences à sa disposition – et malgré les contraintes temporelles –, tout en acceptant qu'il faut soumettre au Jour J un texte qui sera nécessairement imparfait. Edith Grossman, qui a traduit des œuvres de grands auteurs hispanophones comme Cervantes et García Márquez, avoue dans une interview avec Ursula Kenny (citée dans Cooke, 2016) : « I have had to re-read translations that I've done because I've used them in classes I teach on contemporary Latin American literature. I always find pages and pages that

_C. La traduction littéraire

_**146** PARTIE III. Types de traduction   LA TRADUCTION

I would do entirely differently. But you know, it was the best I could do at the time, and so I can't regret it. » Dans ce sens, le sort du traducteur littéraire ressemble à celui de l'écrivain lui-même; la traductrice Carole Noël le résume en évoquant des mots de Paul Valéry : « On n'achève pas un poème, on l'abandonne » (cité dans Lappin-Fortin, 2015, p. 111).

2. Question pratique : les incises

Rappelons ici les transpositions souvent effectuées dans la traduction des incises (par ex., transposition de l'adverbe anglais en -ly, Partie II-D3). Regardons maintenant de plus près les différences de ponctuation, ainsi que l'emploi de l'inversion sujet-verbe à l'aide d'un exemple de Hervey et Higgins (p. 45) (voir aussi *Grammaire comparée L*) :

He lowered his voice almost apologetically.	Il avait parlé bas, presque d'un ton d'excuse.
"I can't swim," said Atkins stubbornly.	— Je ne sais pas nager, dit Atkins d'une voix obstinée.
"I see," said the colonel coldly.	— Je vois, dit le colonel sur un ton glacial.

Note : L'inversion du sujet-verbe ne se fait jamais en anglais si le sujet est un pronom.

Exemple :

He looked at me apologetically.	Il me regardait d'un air contrit.
"I didn't study," he admitted.	— Je n'ai pas étudié, avoua-t-il.
"Obviously," I retorted.	— Évidemment, rétorquai-je.

Exercice III.8

« Candide » (exercice de Tatilon, 1989, p. 106)

Elle rencontra Candide en revenant au château, et rougit; Candide rougit aussi; elle lui dit bonjour d'une voix entrecoupée, et Candide lui parla sans savoir ce qu'il disait. Le lendemain, après le dîner, comme on sortait de table, Cunégonde et Candide se trouvèrent derrière un paravent; Cunégonde laissa tomber son mouchoir, Candide le ramassa; elle lui prit innocemment la main; il baisa la main de la jeune demoiselle avec une vivacité, une sensibilité, une grâce toute particulière; leurs bouches se rencontrèrent, leurs yeux s'enflammèrent, leurs genoux tremblèrent, leurs mains s'égarèrent.

1. Dans cet extrait de *Candide*, Voltaire décrit une rencontre palpitante entre le jeune héros et la jolie Cunégonde. Expliquez comment la syntaxe de ces phrases arrive à évoquer l'émotion de la scène.

2. Traduisez cet extrait, en essayant de reproduire l'effet voulu, en tenant compte du style.

3. Ensuite, comparez votre traduction aux versions proposées dans le *Corrigé*. Laquelle préférez-vous et pourquoi?

_____

_____

_____

_____

_____

_____

_____

C. La traduction littéraire

Exercice III.9

Comparons l'extrait suivant de *Suite française* (Irène Némirovsky, 2004, p. 307) à la traduction anglaise (2006, p. 260).

— Quel triste pays, murmura-t-il.

— Qu'est-ce que ça vous fait à vous? répondit Lucile. Vous le quittez demain.

— Non, fit-il, je ne le quitte pas.

— Ah! je croyais...

— Toutes les permissions sont suspendues.

— Tiens? Pourquoi?

Il haussa légèrement les épaules.

— Nous ne savons pas. Suspendues, voilà tout. C'est la vie militaire.

Elle eut pitié de lui : il s'était tellement réjoui de cette permission.

— C'est très ennuyeux, dit-elle avec compassion, mais ce n'est que partie remise...

"What a sad place," he murmured.

"Why should that matter to you?" Lucile replied. "You're leaving tomorrow."

"No," he said, "I'm not leaving."

"Oh! But I thought..."

"All leave has been cancelled."

"Really? But why?"

He shrugged his shoulders slightly. "No one knows. Cancelled, that's all. That's life in the army."

She felt sorry for him: he'd been looking forward to his leave so much.

"That's very annoying," she said compassionately, "but it's just been postponed..."

1. Relevez tous les cas d'incises. Quelles différences remarquez-vous?

2. Identifiez deux cas de *transposition*.

C. La traduction littéraire

Exercice III.10

Choisissez la bonne traduction (sans dictionnaire!).

1. *parler d'un ton sec* :

   to speak bluntly   to speak dryly   to snap at

2. *balbutier* :

   to stammer   to stutter   to lisp

3. *glousser* :

   to giggle   to gulp   to yawn

4. *ricaner* :

   to reply hoarsely   to snicker   to yelp

5. *fredonner* :

   to mutter   to whisper anxiously   to hum

6. *frissonner* :

   to wink   to shiver   to purr

7. *répondre d'une voix rauque* :

   to answer harshly   to answer firmly   to answer hoarsely

8. *tressaillir* :

   to wince   to speak rapidly   to slur

9. *à gorge déployée* :

   primly   showing cleavage   (laugh) heartily

10. *marmonner* :

   to hum   to mutter   to nag

Exercice III.11

Mise en pratique. Traduisez en anglais (Watson Rodger, Ex. XI-A, B).

1. « C'est enfin décidé. On part demain », annonça Arthur brusquement. Sa femme protesta, plaintive : « Mais on n'aura pas le temps de faire les valises! »

_____

_____

2. C'est très simple : il faut attendre », lança-t-il d'un ton cassant. « Mais je vais devenir folle si on me demande d'attendre plus longtemps! » sanglota la jeune femme.

_____

_____

3. « Et tu ne sais vraiment pas à quelle heure il rentre? » insista-t-elle, furieuse. Paul bredouilla : « Euh... non... euh... non, je ne sais vraiment pas. »

_____

_____

4. « Elle est mariée? » demandai-je. « Plus maintenant, rétorqua l'avocat d'un ton bourru. On a divorcé il y a deux ans. Et elle a repris son nom de jeune fille. »

_____

_____

5. « Tu romps nos fiançailles! C'est gentil de ta part! » ironisa-t-elle. Sans réfléchir, elle ajouta : « Si tu crois que je vais te rendre ta bague, tu te fais des illusions! »

_____

_____

Exercice III.12

Comparez le TD anglais et le TA, puis relevez un exemple de chaque :
a) transposition, b) étoffement, c) équivalence, d) modulation.

(L.M. Montgomery, *Anne of Green Gables*, p. 16 / *La maison aux pignons verts*, p. 22)

"Fancy! It's always been one of my dreams to live near a brook. I never expected I would, though. Dreams don't often come true, do they? Wouldn't it be nice if they did? But just now I feel pretty nearly perfectly happy. I can't feel exactly perfectly happy because—well, what color would you call this?"

She twitched one of her long glossy braids over her thin shoulder and held it up before Matthew's eyes. Matthew was not used to deciding on the tints of ladies' tresses, but in this case there couldn't be much doubt.

"It's red, ain't it?" he said.

The girl let the braid drop back with a sigh that seemed to come from her very toes and to exhale forth all the sorrows of the ages.

"Yes, it's red," she said resignedly.

« Quelle merveille! J'ai toujours rêvé de vivre tout près d'un ruisseau. Mais je ne pensais pas que cela se réaliserait. Les rêves ne se réalisent pas souvent, n'est-ce pas? Ne serait-ce pas merveilleux s'ils se réalisaient toujours? Mais, pour le moment, je me sens presque parfaitement heureuse. Je ne peux pas me sentir tout à fait parfaitement heureuse, parce que... Dites-moi, comment est-ce que vous appelleriez cette couleur-ci? »

Elle agrippa une des longues tresses brillantes qui lui pendaient dans le dos, la fit passer par-dessus son épaule et la flanqua sous le nez de Matthew. Matthew n'avait guère l'habitude de se prononcer sur la couleur des tresses des jeunes filles, mais, cette fois-ci, il n'y avait pas moyen de se tromper.

« C'est roux, non? » risqua-t-il.

La fillette laissa retomber la tresse tout en poussant un soupir si profond qu'il semblait provenir du bout de ses orteils et exhaler toute la détresse de l'histoire humaine.

« Oui, c'est roux », dit-elle, résignée.

_____

_____

_____

Exercice III.13

Exercice de traduction

1. Voici un passage du roman *Ru*, de Kim Thúy (2009, p. 49). Traduisez en portant une attention particulière aux temps des verbes et au traitement de la préposition.

> Après le décès de cette vieille dame, tous les dimanches, j'allais au bord d'un étang à lotus en banlieue de Hanoi, où il y avait toujours deux ou trois femmes au dos arqué, aux mains tremblantes, qui, assises dans le fond d'une barque ronde, se déplaçaient sur l'eau à l'aide d'une perche pour placer des feuilles de thé à l'intérieur des fleurs de lotus ouvertes. Elles y retournaient le jour suivant pour les recueillir, une à une, avant que les pétales se fanent, après que les feuilles emprisonnées avaient absorbé le parfum des pistils pendant la nuit. Elles me disaient que chaque feuille de thé conservait ainsi l'âme de ces fleurs éphémères.

_____

_____

_____

_____

_____

_____

_____

_____

2. Comparez votre traduction à celle de Sheila Fischman (voir le *Corrigé* à la fin du manuel). À quels procédés de traduction avez-vous eu recours? Et la traductrice professionnelle?

_____

_____

_____

C. La traduction littéraire

Devoirs C : La traduction littéraire

TD français

1. (244 mots) Voici un extrait du roman *Les grandes marées*, de Jacques Poulin (1986, p. 180). Traduisez en respectant les niveaux de langue (la voix du narrateur s'oppose au français plus familier des personnages).

   Note : *Le traducteur, Teddy, habite une petite île quelque part dans le Saint-Laurent; son patron lui apporte son travail chaque semaine.*

   — Bon, dit l'Homme Ordinaire, c'est au sujet des traductions...
   — Je sais, dit Teddy. Le patron ne viendra pas les chercher cette semaine et elles ne seront pas publiées. C'est ça?
   — Pas tout à fait... Elles ne sont *jamais* publiées.
   Il ajouta, les yeux baissés :
   — Elles n'ont pas été publiées depuis que vous êtes dans l'île. Le patron a acheté un cerveau électronique. Il coûte un prix fou, mais il traduit les bandes dessinées en deux minutes. Il s'appelle Atan.
   Le professeur Mocassin tressaillit en entendant ce nom. Il ouvrit la bouche mais fut devancé par Marie.
   — Le patron aurait pu avertir Teddy! protesta-t-elle.
   — Mon mari ne voulait pas qu'il soit malheureux, dit Tête Heureuse. Il a toujours été comme ça. Il ne supporte pas les gens malheureux.
   — Un instant, dit Mocassin. Est-ce que le mot « *Atan* » ne signifie pas « homme »?
   Au milieu du cercle, le traducteur soufflait sur sa main droite. Il fit un signe de tête affirmatif.
   — « Homme » au sens très particulier de « mâle »? insista le professeur.
   — Voulez-vous insinuer que Teddy n'est pas assez viril? demanda Tête Heureuse.
   — Là n'est pas la question n'est pas là, dit Mocassin.
   — Excusez-moi, dit Teddy.
   Il se leva tout à coup et sortit du cercle en serrant la couverture de laine autour de ses épaules. Il se dirigea vers la cabane de Marie.
   — Je regrette beaucoup, lui dit l'Homme Ordinaire.
   — Allez au diable avec vos regrets! s'écria Marie.

2. (143 mots) Voici un court passage du roman *L'équation africaine*, de Yasmina Khadra (2011, p. 48-49).

> Tao, le cuisinier, nous a préparé un plat asiatique d'une rare succulence.
> Il nous sert à 8 heures pile et s'éclipse aussitôt. C'est un quinquagénaire
> au teint de coing blet, assez petit de taille, discret et efficace. Des cheveux
> d'un noir de jais, coupés court, auréolent son visage ascétique aux
> pommettes hautes et protubérantes. Furtif, il apparaît et disparaît sans
> bruit, attentif au moindre signe de son employeur. Hans l'aime beaucoup.
> Il l'a rencontré, il y a cinq ans, dans un hôtel à Manille, et l'a engagé
> sur-le-champ. Tao est père d'une famille nombreuse à laquelle il destine
> la totalité de son gain. Il ne parle jamais des siens, ne se plaint de rien,
> sempiternellement retranché derrière un vague sourire aussi quiet que
> son âme. D'ailleurs, c'est à peine si je l'ai entendu dire quelque chose
> depuis que nous sommes sur le bateau.

3. (347 mots) Voici deux extraits du roman policier *Le dernier Lapon*, d'Olivier Truc (2012, p. 17-19). Traduisez-les en anglais pour un lectorat américain.

> *Lundi 10 janvier.*
> *Nuit polaire.*
> *9 h 30. Laponie centrale.*
>
> C'était la journée la plus extraordinaire de l'année, celle qui portait
> tous les espoirs de l'humanité. Demain, le soleil allait renaître. Depuis
> quarante jours, les femmes et les hommes du *vidda* survivaient en courbant
> l'âme, privés de cette source de vie.
>   Klemet, policier et rationnel, oui rationnel puisque policier, y voyait
> le signe intangible d'une faute originelle. Pourquoi, sinon, imposer à des
> êtres humains une telle souffrance? Quarante jours sans laisser d'ombre,
> ramenés au niveau du sol, comme des insectes rampants.
>   Et si, demain, le soleil ne se montrait pas? Mais Klemet était rationnel.
> Puisqu'il était policier. Le soleil allait renaître. *Finnmark Dagblad*, le
> quotidien local, avait même annoncé dans son édition du matin à quelle
> heure la malédiction allait être levée. Que le progrès était beau. Comment ses
> ancêtres avaient-ils pu supporter de ne pas lire dans le journal que le soleil
> allait revenir à la fin de l'hiver? Peut-être ne connaissaient-ils pas l'espoir? [...]

— Klemet? Tu veux bien me prendre en photo? Avec les nuages derrière.

Sa jeune collègue brandissait son petit appareil photo sorti de sa combinaison bleu marine.

— Tu crois que c'est le moment?

— C'est pas pire que de rêvasser, lui répondit-elle en lui tendant l'appareil.

Klemet bougonna. Il fallait toujours qu'elle ait réponse à tout. Lui, les bonnes réponses ne lui venaient généralement que trop tard. Il retira ses moufles. Autant se débarrasser de la chose au plus vite. Le ciel était dégagé et le froid d'autant plus agressif. La température avoisinait les moins vingt-sept degrés.

Nina enleva sa *chapka* en peau de phoque et poils de renard, libérant sa chevelure blonde. Elle enfourcha sa motoneige et, dos aux nuages bigarrés, offrit son large sourire à l'objectif. Sans être d'une beauté époustouflante, elle était gracieuse et avenante, avec de grands yeux bleus expressifs qui trahissaient le moindre de ses sentiments. Klemet trouvait cela très pratique. Le policier prit la photo, légèrement mal cadrée, par principe. Nina était arrivée à la police des rennes depuis trois mois, mais c'était sa première patrouille. [...]

TD anglais

1. (240 mots) Voici un extrait du roman *The Book of Negroes*, de Lawrence Hill (2007, p. 209).

Note : L'histoire se déroule au 18ᵉ siècle. La narratrice est une jeune esclave arrivée chez un couple juif habitant Charleston (à l'époque « Charles Town »). Bayo est le nom de son village natal en Afrique. (Réfléchissez bien avant de choisir tu *ou* vous *pour traduire les occurrences du pronom* you.*)*

So I helped Mrs. Lindo bring a healthy boy named David into the world. To my surprise, the Lindos had the boy circumcised, just as we would have done in Bayo. A few weeks later, Mr. and Mrs. Lindo brought me into their parlour, offered me a cordial and asked if there was any little gift that I might like to have.

"Gift?" I said.

"Since you have been such a wonderful help to us," Mrs. Lindo said.

I thought for a moment. I asked if I could see a map of the world.

"Why do you want to see a map?" Mr. Lindo asked.

"She has read dozens of books," his wife cut in. "She does everything we ask of her. I can't see how it would hurt."

"What do you seek to learn?" he asked.

"I do not know from where I come," I said.

"You came from Africa. You crossed the ocean. We are in Charles Town. You already know these things."

"Yes, but I do not understand where South Carolina is in relation to my homeland."

Mr. Lindo sighed. "I don't see why that is necessary."

"Solomon," Mrs. Lindo said, putting her hand on his knee. "Take her to the Charles Town library. Let her see the maps."

He jumped up from the couch, knocking over his drink. "I had to grovel just to be let into the Society," he shouted.

"Solomon, please," Mrs. Lindo said.

2. (320 mots) Traduisez ces passages tirés du roman *Sanctuary Line*, de Jane Urquhart (2010).

Note : *Teo est un jeune Mexicain venu travailler dans une ferme du sud de l'Ontario; l'anglais n'est donc pas sa langue maternelle...*

I remember that on that final strange night lights from all the downstairs rooms of the house were spilling out onto the grass. There were outside lights as well and a moon bright enough that my cousins and I – and Teo – were playing Monopoly on the picnic table near the beach. I remember the *plonk, plonk* of the wooden pieces being moved from property to property. I also remember Teo and I looking at each other across this board game that I had had to explain to him because the monopolizing of urban property as a game was something he couldn't quite comprehend. Why would someone want to own a street? We sought each other's gaze with frank affection and seriousness during this interchange of information and with something else that I did not yet understand and would never name. I recall his brown eyes and thick lashes, the generous sweep of his eyebrows, the way he was able to concentrate both on me and on the game. It is somewhat startling to find how well I remember his face after all this time. And I remember that Monopoly board as well, how it remained in place for weeks after, curled by moisture, baked by sun, until all the properties and their streets

– Boardwalk, Pennsylvania Avenue, Park Place – faded and their names became lost, unreadable. (p. 219-220) [...]

"My grandfather was only fifteen when he went to fight. The rest of his life, the rest of their lives, was not so important because they remembered always this fighting." [...] Teo turned to look at me. "My grandfather was younger than you and me are, and he was in the mountains fighting to keep some small bit of land for a farm." [...]

"You see, we are not so young." Teo seemed almost defensive. "We are not too young to have love."

"No," I said, though whether in refusal or agreement I wasn't sure.
(p. 225)

3. (291 mots) Traduisez ces extraits du roman *The Cat's Table*, de Michael Ondaatje (2011). Portez une attention particulière au temps des verbes.

Note : *Il s'agit, d'une part, d'un récit : un long voyage en mer entrepris lorsque le narrateur était jeune garçon (une époque lointaine, donc l'utilisation du* passé simple*). Les premières lignes sont écrites à la troisième personne, marquant une distance avec cette période d'enfance; puis, on passe à la première personne lorsque le narrateur pose son regard d'adulte. En même temps, il raconte des moments plus près du présent : des souvenirs, des sentiments, des événements de sa vie adulte (l'utilisation du* passé composé*).*

a) (150 mots)

He was eleven years old that night when, green as he could be about the world, he climbed aboard the first and only ship of his life. [...] He did not go back up on deck for a last look, or to wave at his relatives who had brought him to the harbor. [...] I do not know, even now, why he chose this solitude. [...] I try to imagine who the boy on the boat was. (p. 4-5) [...]

I woke the next morning without the usual desire to meet with my friends. [...] I tried to remember the cabin number for Emily, who was never an early riser, and I went there. [...] I knocked a couple of times before she opened the door, wrapped in a dressing gown. [...] I stayed with her all morning. I do not know why I was confused about things. I was eleven.
(p. 111-112)

b) (141 mots)

I boarded [the ferry] at about a quarter to two, and, as [it] left Vancouver, I climbed the stairs to the sun deck. I was in a parka and I let the wind beat the hell out of me as the boat rumbled into a blue landscape of estuaries and mountains. [...] What would Emily be like now, I wondered. [...]

She was not there to meet me. I waited as the cars drove off the ferry. Five minutes passed, and so I started up the road.

There was a woman alone in the small park across the way. She shrugged herself off the tree she was leaning against. I recognized the walk, the gestures, as she came cautiously towards me. Emily smiled. [...]

"Thank you for coming."

"One in the morning! You always call people at one in the morning?"

(p. 244-245)

PARTIE IV

DÉFIS DE LA TRADUCTION

Dans cette dernière partie du manuel, nous examinons de façon plus approfondie les grands défis de la traduction : ceux relevant de différences culturelles entre la LD et la LA ; ceux posés par les effets d'humour et les contraintes linguistiques de la LA (par ex., les jeux de mots) ; ceux présentés par la poésie, ou encore par les codes non standards... Le traducteur fait alors appel aux procédés d'*adaptation* et de *compensation* et doit faire preuve d'une grande créativité.

Introduction

A. L'adaptation : tout un défi!

Adapter = trouver une valeur équivalente, créer un effet équivalent en LA
Ce procédé de traduction s'avère indispensable pour traduire un référent en LD qui n'existe pas en LA, par exemple, la valeur culturelle d'un symbole :

- les chrysanthèmes
  (symbole d'un décès en France, associés avec l'Action de grâce au Canada);
- la pomme rouge sur le bureau du professeur
  (symbole de la rentrée en Amérique du Nord, mais pas en Europe);
- the Brooklyn Bridge
  (pont new-yorkais évoquant des tentatives de suicide);
- la valeur connotative des couleurs
  (quelle est la couleur du deuil, quelle est la couleur de la robe de la mariée dans le monde occidental? Et dans le monde oriental?).

L'adaptation convient surtout quand le but principal n'est pas d'informer (fonction référentielle), mais d'amuser, de plaire (fonction ludique, esthétique). On y a recours surtout en littérature, en poésie, en publicité, notamment pour traduire des jeux de mots. Les exemples suivants vous aideront à mieux comprendre, et à apprécier, les adaptations.

Exemple 1

> Quand son fils lui annonce par téléphone son intention de prendre pour épouse légitime l'Allemande qu'il vient d'embaucher comme domestique, Hortense de Trala-Lepage n'est pas loin de s'évanouir [...] (Huston, p. 55)
> Ils sont mariés. Une simple cérémonie civile, sans Trala. (p. 64)

Dans cet extrait du roman *L'empreinte d'un ange*, Nancy Huston réussit bien l'effet humoristique créé par le jeu de mots entre l'expression idiomatique *sans tralala* et le nom de la future belle-mère, *Trala-Lepage*; l'**allitération** *simple cérémonie civile* contribue aussi à l'aspect ludique du passage. Dans la version anglaise, ce même jeu de mots n'est pas possible, mais l'auteure cherche à reproduire l'aspect ludique de son TD à l'aide de deux allitérations : *simple civic ceremony* et *frills, fuss, family* :

When her son calls to announce his intention to be lawfully united in
marriage with the German woman he recently hired as a maid, Hortense
Trala-Lepage almost sinks into a swoon [...] (p. 31)

They're married. A simple civic ceremony. No frills, no fuss, no family. (p. 37)

Exemple 2

Plusieurs exemples d'adaptation figurent dans la traduction française du roman
1984 de George Orwell. Qu'en pensez-vous?

Newspeak was the official language of Oceania and had been devised to meet the ideological needs of Ingsoc, or English Socialism. In the year 1984 there was not as yet anyone who used Newspeak as his sole means of communication, either in speech or writing. [...] It was expected that Newspeak would have finally superseded Oldspeak (or Standard English, as we should call it) by about the year 2050. [...] The purpose of Newspeak was not only to provide a medium of expression for the world-view and mental habits proper to the devotees of Ingsoc, but to make all other modes of thought impossible. [...] The word *free* still existed in Newspeak, but it could only be used in such statements as "This dog is free from lice" or "This field is free from weeds." It could not be used in its old sense of "politically free" or "intellectually free," since political and intellectual freedom no longer existed even as concepts [...]

The second distinguishing mark of Newspeak grammar was its

Le novlangue a été la langue officielle de l'Océania. Il fut inventé pour répondre aux besoins de l'Angsoc, ou socialisme anglais. En l'an 1984, le novlangue n'était pas la seule langue en usage, que ce fût oralement ou par écrit. [...] On comptait que le novlangue aurait finalement supplanté l'ancilangue (nous dirions la langue ordinaire) vers l'année 2050. [...] Le but du novlangue était, non seulement de fournir un mode d'expression aux idées générales et aux habitudes mentales des dévots de l'angsoc, mais de rendre impossible tout autre mode de pensée. [...] Ainsi le mot *libre* existait encore en novlangue, mais ne pouvait être employé que dans des phrases comme « le chemin est libre ». Il ne pouvait être employé dans le sens ancien de « liberté politique » ou de « liberté intellectuelle ». Les libertés politique et intellectuelle n'existaient en effet plus, même sous forme de concept. [...]

La seconde particularité de la grammaire novlangue était sa

regularity. [...] the preterite and the past participle were the same and ended in -ed. The preterite of *steal* was *stealed*, the preterite of *think* was *thinked*, and so on throughout the language, all such forms as *swam, gave, brought, spoke, taken*, etc. being abolished. All plurals were made by adding -s or -es as the case might be. The plurals of *man, ox, life* were *mans, oxes, lifes*.

régularité. [...] le passé défini et le participe passé de tous les verbes se terminaient indistinctement en *é*. Le passé défini de *voler* était *volé*, celui de *penser* était *pensé* et ainsi de suite. Les formes telles que *nagea, donnât, cueillit, parlèrent, saisirent*, étaient abolies. Le pluriel était obtenu par l'adjonction de *s* ou *es* dans tous les cas. Le pluriel *d'œil, bœuf, cheval*, était respectivement, *œils, bœufs, chevals*.

(George Orwell, *1984*, « Appendix – The Principles of Newspeak »; édition française de Folio)

Exemple 3 : Les bandes dessinées

La traduction de l'humour pose un véritable défi aux traducteurs. Hervey et Higgins (p. 46-47) citent l'exemple du livre *Astérix en Corse*, où une source importante de l'humour provient de l'imitation de l'accent corse. Voici comment le traducteur tente de *recréer le même effet* humoristique dans le TA, à l'aide de jeux de mots. (Que pensez-vous de cette traduction? Quel lectorat cible-t-elle? Quelles modifications pourrait-on apporter pour un public nord-américain?)

ABRARACOURCIX : Eh bien, vous pourrez en constater les effets! Pour fêter l'anniversaire de Gergovie, nous allons attaquer le camp romain de Babaorum avant le dîner! Ça nous ouvrira l'appétit.

PLAINCONTRIX : Ouais!

BEAUFIX : Bravo!

ALAMBIX L'ARVERNE : Cha ch'est caujé!

LABELDECADIX (DE MASSILIA) : Vé! C'est un peu bieng organisé, cette fÂlte!

ALAMBIX : Chette quoi?

LABELDECADIX : Cette fÂlte! Effeu
– ê – té –

VITALSTATISTIX: You'll soon notice its effects. We're going to attack the Roman camp of Totorum before dinner. A little punch-up by way of an aperitif.

INSTANTMIX: Punch-up!

JELLIBABIX: I'm pleased as punch!

WINESANSPIRIX THE AVERNIAN: That's the ticket!

DRINLIKAFIX (FROM MASSILIA): Tickety-boo, eh?

WINSANSPIRIX: Tickety what?

DRINLIKAFIX: This is what makes us tick.

ALAMBIX : Ah! Chette fête!

LABELDECADIX : Vouaye. Cette sôterie si vous préférez.

(René Goscinny et Albert Uderzo, *Astérix en Corse*, 1973, p. 11)

WINSANSPIRIX: Ah, punching Romans! They're the ticket!

DRINKLIKAFIX: Not a bad punchline.

(Goscinny et Uderzo, 1980, p. 11)

Exemple 4 : Le journalisme – les manchettes... (surtout les pages du sport!)

Quelle traduction proposez-vous pour ce titre de Rosie Dimanno, pour un article décrivant les exploits du nageur américain Michael Phelps lors des Jeux olympiques de Pékin : "The Great Haul of China"? (*Toronto Star*, 17/08/2008) (**Note :** *Un jeu de mots est également possible avec « La Grande Muraille ».*)

La traduction de manchettes, où les jeux de mots abondent, demande souvent un recours à l'adaptation, mais celle-ci n'est pas impossible ailleurs dans les textes journalistiques. Considérons le passage suivant :

A universal translator may sound like a single piece of technology, but it's actually made up of three very distinct tools, each posing their own set of problems, say researchers. [...] But the biggest hurdles still lie, not surprisingly, with the translation process itself, says Robert Frederking, a researcher with the Center for Machine Translation at Carnegie Mellon University. [...] The problem is, even the most powerful computers can be fooled by the simple vagaries of human language. Some sentences can be perfectly grammatical yet meaningless, while others are just plain ambiguous, such as the phrase "Flying planes can be dangerous." Is that a warning that it's dangerous to fly in planes, or that you'd better watch out for flying planes overhead? (Kirby, *Maclean's*, 3/11/2008, p. 54)

Dans une version française éventuelle, une adaptation de la phrase « Flying planes can be dangerous » s'impose. Le traducteur devra la substituer par une phrase ambigüe en français, « La belle ferme le voile », par exemple.

Exemple 5 : les slogans publicitaires

Le lait est vachement bon = Milk, udderly good

S'agit-il ici d'une traduction (adaptation) bien réussie? Selon Tatilon (1989, p. 23-24), le marché anglophone s'y est montré bien réticent il y a une trentaine d'années – mais aujourd'hui nous observons que ce choix douteux, « udderly », passe très bien!

Cette publicité pour la Ville de Québec fournit un autre exemple d'une adaptation bien réussie (invitant les touristes à venir découvrir les plaines d'Abraham) :

Une journée « plaines » de découvertes = A Day of Just « Plain » Fun

Pensez aux défis que présentent les slogans suivants :

Oh, les bas!
Je TIM beaucoup
Groliers : le cinq à schept
All dressed up and nowhere it can't go...

(Pour le dernier exemple, annonce pour un jeep Toyota « quatre quatre », on pourrait envisager une traduction libre à l'aide de l'expression figée « tiré à quatre épingles »...)

Exemple 6 : Les titres de romans, d'articles, de films

Liliane Pollak (1989) souligne les mérites de deux excellentes adaptations de titres, d'abord le titre du polar *Death Takes a Ride* (dont l'intrigue, semble-t-il, tourne autour d'un meurtrier... dans un autobus), rendu en français par *On vous descend à la prochaine*. Ensuite, le célèbre roman d'Aldous Huxley, *Brave New World*, dont le titre renvoie à la pièce *The Tempest* de Shakespeare; le titre français, *Le meilleur des mondes*, fait allusion à un autre classique littéraire, cette fois du monde francophone : *Candide* (Voltaire).

Expliquez les adaptations suivantes :

- "More Moore" = « Traits du Moore » (article sur Michael Moore, *Accor*, 2004);
- "Holy Matrimony!" = « Le couple dans tous ses ébats » (*En Route*, 2004);
- *Ground Hog Day* = *Jour sans fin* (pas de référent en France; un cas de perte);
- *Lost in Translation* = *Traduction infidèle* (film de Sofia Coppola, 2003; nuances?);
- *La môme* = *La vie en rose* (film d'Olivier Dahan, 2007; pourquoi un titre différent pour la distribution internationale?);
- *Bare Bones* = *Os troubles* (roman policier de Kathy Reichs, 2004);
- *De père en flic* = *Fathers and Guns* (film québécois d'Émile Gaudreault, 2009);
- La pêche aux amendes = Fishing for fines (voir Astirbei, p. 37).

B. Le défi de la poésie

En poésie, c'est évidemment la fonction poétique qui l'emporte sur les autres fonctions du langage (rappelons ici le modèle fonctionnel de Jakobson); la langue est utilisée principalement dans un but *esthétique*, parfois ludique; la fonction *expressive* est également importante (le poète utilise la langue pour exprimer ses émotions). Traduire la poésie est sans doute le plus grand défi de traduction qui soit; certains diront même qu'il est impossible. Cependant, il existe de bonnes *adaptations* de plusieurs poèmes et chansons célèbres (Edgar Allen Poe a traduit des poèmes de Charles Baudelaire, par exemple).

À des fins pédagogiques, examinons ce petit poème de Robert Desnos (1967) :

C'était un bon copain
Il avait le cœur sur la main
Et la cervelle dans la lune
    C'était un bon copain.
Il avait l'estomac dans les talons
Et les yeux dans nos yeux
    C'était un triste copain.
Il avait la tête à l'envers
Et le feu là où vous pensez
Mais non quoi il avait le feu au derrière
    C'était un bon copain.
Quand il prenait ses jambes à son cou
Il mettait son nez partout
    C'était un charmant copain.
Il n'avait pas la langue dans sa poche
Ni la main dans la poche du voisin
Il ne pleurait jamais dans mon gilet
    C'était un copain
    C'était un bon copain.

Avant de passer à la traduction, il faut analyser la structure du poème afin d'en déduire le *contenu stylistique*, et ensuite déterminer son *contenu sémantique*. Il est clair que le poème se construit à l'aide d'une série d'expressions idiomatiques, chacune figurant une partie du corps différente; chaque vers est ponctué par le refrain : « C'était un bon copain. » Le message du poème (soit une énumération des qualités humaines de cet ami) est secondaire à la forme. Il est essentiel que la « traduction » (l'adaptation) respecte le contenu stylistique du TD, même si la série d'expressions idiomatiques utilisées n'évoquent pas tout à fait les mêmes qualités. Signalons également l'effet d'humour créé au milieu du poème en faisait allusion à une certaine partie du corps qui n'est pas nommée mais clairement suggérée (*il avait le feu là où vous pensez... mais non, quoi, il avait le feu au derrière*).

Voici une adaptation possible (Lappin-Fortin, 2009, p. 86) :

He Was A Good Friend
He wore his heart on his sleeve
And had his head in the clouds
  He was a good friend.
He had a lot on his shoulders
And even more on his mind
  He was a sad friend.
He had a fire in his belly
And one up his...
That is to say, in his eyes
  He was a good friend.
When he pulled your leg
Or spoke tongue in cheek
  He was a charming friend
He never took to his heels
Or sat on his hands
He never turned his back.
  He was a friend
  He was a good friend.

Exercice IV.1

Traduire *Funeral Blues*

L'exercice suivant vous permet de tenter votre propre adaptation d'un poème. (Pour une discussion intéressante voir Tatilon, 2001, p. 135-145.) Avant de vous y attaquer, identifiez :

1. le contenu sémantique (le message) : le référent existe-t-il dans les deux langues ou faudra-t-il adapter? Remarquez le caractère universel du thème : le deuil.

2. le contenu stylistique (aspect esthétique) : rimes, choix de verbes, de mode, symétries, oppositions, imagerie, jeux phoniques, etc.

Ensuite, essayez de créer une version française *en alexandrins* (12 syllabes/vers).

Funeral Blues
de W.H. Auden

Stop all the clocks, cut off the telephone,
Prevent the dog from barking with a juicy bone,
Silence the pianos and with muffled drum
Bring out the coffin, let the mourners come.

Let aeroplanes circle moaning overhead
Scribbling on the sky the message He Is Dead.
Put crepe bows round the white necks of public doves,
Let the traffic policemen wear black cotton gloves.

He was my North, my South, my East and West.
My working week, and my Sunday rest,
My noon, my midnight, my talk, my song;
I thought that love would last forever; I was wrong.

The stars are not wanted now: put out every one;
Pack up the moon and dismantle the sun;
Pour away the ocean and sweep up the wood;
For nothing now can ever come to any good.

C. Problèmes de code : Les variétés non standards

Le traducteur doit tenir compte non seulement des questions de *niveau de langue,* mais aussi de *variétés régionales* et même de **sociolectes** (dans le TA aussi bien que dans le TD). Ses compétences langagières doivent donc dépasser les limites de la langue dite « standard »; un bon traducteur doit aussi être sensible aux variations linguistiques existant entre différentes communautés linguistiques et couches sociales.

1. Variétés régionales (en LD et LA)

Pour bien traduire une pièce de théâtre d'un dramaturge irlandais, il vaut mieux connaître à fond les registres familiers de ce pays (qui peuvent varier selon qu'on se trouve à Belfast, à Dublin ou à Cork...). Ensuite, il faut savoir *pour qui* on traduit le texte en question. À quel public est destinée la pièce traduite? Convient-il mieux d'utiliser une variante française (de France) ou une variante canadienne? Ainsi, il faut comprendre qu'il ne s'agit pas de la drogue quand on dit : « *She's good crack* » (s'écrit également *craic*). Que choisir comme traduction : « *C'est très agréable de bavarder avec elle* »? ou bien... « *C'est toujours le fun de jaser avec elle* »?

Le même problème se pose pour les exemples suivants :

- "He'll be gettin' the hell out." = « I' va foutre le camp » ou « Y va sacrer son camp »?
- "He's out with his mates." = « Il est sorti avec ses potes » ou « ... avec ses chums »?
- "Don't be daft!" = « Ça va pas la tête! » ou « Fais pas ton niaiseux »?
- "It was mighty!" = « C'était super (cool)! » ou « C'était débile! »?
- "I forgot my fags." = « J'ai oublié mes clopes » ou « J'ai oublié mes cigarettes »? (**Note :** *Le vocable familier* clopes *ne s'entend pas au Canada français; par contre, le mot populaire* zigoune *y est parfois utilisé pour désigner une cigarette roulée à la main.*)
- Ou encore (selon la région) : "Stop your girnin' / Stop your keenin'"! Traduit-on par « Arrête de pleurnicher »? « de chialer »? « de brailler »?

Le tableau suivant offre un aperçu de la variation lexicale qui existe entre le français standard et les styles familiers du français parlé au Canada et en France. (Ce tableau s'inspire de celui de Mougeon [p. 83-84], en y apportant de nombreux ajouts.)

Tableau comparatif de variantes lexicales en fonction du pays et du style utilisé

Familier (Canada)	Familier (France)	Courant/soutenu
achaler	*enquiquiner, asticoter*	*agacer, ennuyer, embêter, déranger, importuner*
barniques (f.)	*carreaux (m)*	*lunettes (f.)*
bébelle (f.)	*joujou (m.)*	*jouet (m.)*
bibitte (f.)	*petite bête*	*insecte (m.)*
(sa) blonde	*(sa) nana, nanette*	*(sa) petite amie, fiancée*
brailler	*chialer*	*pleurer, sangloter*
char (m.) (usage pop.)	*bagnole (f.), caisse (f.)*	*voiture, automobile*
chialer	*rouspéter, gueuler, râler*	*se plaindre, critiquer*
chicaner	*engueuler, enguirlander*	*disputer, réprimander*
(son) chum	*(son) mec, jules*	*amoureux, compagnon*
chums	*copains*	*amis*
(C'est) de valeur	*(C'est) ballot*	*(C'est) dommage, regrettable*
fin (adj.)	*sympa*	*gentil, sympathique*
foin (m.)	*fric (m.), pognon (m.), thune (f.)* (pop.)	*argent*
fourrer (qqn.)	*rouler*	*duper, tromper*
frapper (en voiture)	*rentrer dedans*	*heurter, emboutir, percuter*
(avoir du) fun	*se marrer, rigoler*	*s'amuser, se plaire*
garrocher	*balancer*	*lancer, jeter*
gratteux	*pingre, radin*	*avare*
grouiller	*gigoter*	*remuer, bouger*
se grouiller	*se grouiller, se manier*	*se dépêcher, se hâter*
(du)linge	*(des) fringues*	*(des) vêtements*
maganer	*esquinter*	*abîmer, endommager*
niaiser	*déconner*	*dire, faire des bêtises ou : plaisanter*
(de l')ouvrage, <u>une</u> job	*(du) boulot, du taf, <u>un</u> job*	*(du) travail (rémunéré)*
placoter	*papoter*	*bavarder*
(c'est) plate	*moche*	*désagréable, pénible*
prendre une brosse	*prendre une cuite*	*se saouler*
p'tits, mousses, flos	*gamins, mômes, gosses*	*enfants*
quétaine	*ringard*	*démodé, vieux jeu*
(être) tanné	*en avoir marre, ras-le-bol*	*en avoir assez, se lasser*
sacrer son camp	*foutre le camp, se barrer*	*partir, s'en aller*

2. Le langage enfantin et celui du locuteur non natif

Quoi faire lorsque le TD tente de reproduire le style de parler d'un jeune enfant? Souvent, un équivalent au niveau du lexique se trouve sans trop de difficulté, par exemple: *faire dodo = go beddy by*; *caca = poo poo*; *nounours = teddy; lo lo = wah wah*. (**Note :** même si *lo lo* désigne *lait*, il remplit la même fonction stylistique que *wah wah*.) On pourrait traduire une erreur morphologique du genre « Il a éteindu la lumière » par « He putted the light out »; ou encore « J'ai pas comprendu » par « I din't understood ». Parfois, le traducteur doit chercher un équivalent au niveau phonétique.

Dans l'extrait suivant de Huston, la traduction se fait sans trop de difficultés, puisque le même problème de prononciation se pose dans les deux langues : celle des consonnes liquides (/R/ et /l/).

Version originale (p. 250) :

— Ça fotte! Ça fotte, maman!
— On lui dit au revoir à la peluche?
— Au voi, pluche! Au voi!
— Et bon voyage!
— Et bon ovage!

Version anglaise (p. 167) :

"It can foat, Mama! It can foat!"
"Terrific! Let's say good-bye to the poodle leg, okay?"
"Bye, poo-deg! Bye!"
"And have a good trip!"
"Have a good trip, poo-deg!"

Voici, dans ce même roman de Huston, le cas d'un personnage pour qui le français n'est pas la langue maternelle (Andras est Hongrois). Évidemment, la maîtrise du genre grammatical figure parmi ses principales difficultés, avec l'accord des adjectifs, la conjugaison verbale, etc. Quelles solutions l'auteure a-t-elle trouvées dans sa version anglaise pour créer le même effet?

Version originale (p. 139) :

— Ah! Ta-ta-ta-ta-ta-ta-ta! Stop! Plus une mouvement! [...]
— Je m'excuse, dit-il. Un blague. Un mauvais blague. [...] Je vous faisais peur. Pardon [...] Pardon, oui?

Version anglaise (p. 88) :

> "Ah! Ta-ta-ta-ta-ta-ta-ta-ta! Stop! Not one movement!" [...]
> "Sorry," he says. "A silliness. A joke of silliness. [...] I frighted you.
> Forgive me. [...] Sorry, yes?"

Ou encore (p. 162) :

> — Tu es beau, murmure-t-elle, à Andras.
> — Non, dit Andras. C'est toi qui es beau.

En anglais (p. 103) :

> "You're so handsome," she says to Andras in a murmur.
> "No," says Andras. "You. You are handsome."

3. Traduire l'humour dans la littérature pour enfants

La littérature jeunesse fournit un excellent exemple du travail d'adaptation nécessaire lorsque la traduction cible un public venant d'une culture très différente de celle du TD. C'est le cas, par exemple, du roman français *Le Petit Nicolas* (Sempé-Goscinny, 1960). D'une part, le traducteur doit repérer les références à la vie française qui seront méconnues d'enfants de la culture d'arrivée; d'autre part, il faut déterminer si ce qui fait rire les petits Français aura le même effet chez le jeune lecteur du TA (rions-nous tous des mêmes choses?). Il est donc essentiel d'accorder autant d'importance (et parfois plus) à des facteurs culturels qu'à des éléments linguistiques.

> **Exemple 1 :** *Le Petit Nicolas* en persan
> (Cet exemple est tiré de l'article de Zeynaligargari et Alavi, p. 90-108.)
> Examinons les trois extraits ci-dessous.
>
> [...] et Agnan a enlevé ses lunettes pour les essuyer, alors, Alceste en a vite
> profité et il lui a donné une gifle. (Sempé-Goscinny, p. 108)
>
> Monsieur Bordenave avait l'air vraiment fâché et il est venu en courant
> vers nous, mais il n'est pas arrivé, parce qu'il a glissé sur le sandwich à la
> confiture d'Alceste [...]. (p. 148)

Alceste donne des coups sur la tête de Clotaire avec un bouquet de fleurs, Clotaire finit par ressembler à *un pot-au-feu*. (p. 68**)**

Le traducteur doit d'abord déterminer si l'humour physique de ces trois passages fera rire le lectorat ciblé. Il doit également reconnaître que la référence au *pot-au-feu*, plat traditionnel en France, exige une adaptation culturelle. Voici deux solutions que l'on pourrait envisager pour une traduction en persan (Zeynaligargari et Alavi, p. 100) :

1. du *ghormeh sabzi* (plat de légumes, de haricots rouges et d'agneau, servi avec du riz);
2. du *dizi* (plat iranien semblable au couscous).

La première solution s'appuie sur un jeu de mots avec un proverbe persan : « Sa tête sentait le *ghormeh sabzi* » (ses actions manquent de sagesse, de logique, de prudence [p. 101]) et semble la meilleure des deux options. Le problème avec la deuxième solution est que le *dizi* ne contient pas de légumes... Pourquoi, alors, la tête de Clotaire, recouverte de feuilles, y ressemblerait-elle? Mais encore plus problématique est le fait que le jeune lecteur perse sait très bien que le Petit Nicolas et ses copains sont *français*; ce référent (le *dizi*) sort d'un tout autre monde, qui n'est pas celui des personnages du roman. Comme le concluent Zeynaligargari et Alavi (p. 101), la meilleure solution réside dans la notion d'*équivalence dynamique* de Nida; il faut choisir un plat universel, connu de la culture de départ *et* de la culture d'arrivée, par exemple une *pizza aux légumes*.

Exemple 2 : *Wayside School*
L'article de Cummins (2011) comparant le roman humoristique pour enfants *Wayside School is Falling Down* (Sachar, 1989) à la version française *L'école Zarbi déménage* (2004) illustre comment le traducteur a réussi à adapter les nombreux jeux de mots du texte anglais afin d'en préserver les effets d'humour. Par exemple (Cummins, p. 80) :

Les insultes en rimes qu'utilisent les enfants (par ex., *Drop dead, Ketchup Head* ou *Get off my case, Buzzard Face*) sont rendues en français avec beaucoup de brio.
— *Qu'est-ce que tu m'as dit, poil de fourmi?*
— *D'aller te faire cuire un œuf, poil de bœuf!*

C. Problèmes de code:...

— Attends, tu veux une baffe, poil de girafe!
— Je préférerais un coup de poing, poil de babouin.

Quant aux noms des élèves, signale Cummins (p.74-75), « [i]l y a une perte de jeu de mots en laissant les noms de Bebe Gunn et de Ray Gunn [...] mais elle est compensée par les jeux de mots dans la traduction de *Eric Fry, Eric Ovens* et *Eric Bacon* : Eric Hochet, Eric Rac, Eric Ikky. » Les noms des adultes sont adaptés de la manière suivante :

- (l'institutrice) Mrs. Jewls = Mme Bijou;
- (la cuisinière) Miss Mush = Mlle Beurk;
- (le directeur) Mr. Kidswatter = M. Petitbonhomme;
- (la professeure de danse) Mrs. Waloosh = Mme Olé-Olé.

Par contre, Cummins souligne que l'humour du livre anglais est du type « deadpan », alors que le texte français s'efforce trop souvent d'*expliquer* pourquoi c'est drôle...

4. Dialectes et sociolectes

Comme le remarque Herrera (p. 290), la traduction des **dialectes** demeure « [...] one of the biggest lacunae in translation studies ». Pour Carole Noël, la traductrice du roman *The Book of Negroes* de Lawrence Hill, le traitement du vernaculaire a constitué un défi important : comment rendre les nombreux dialogues entre esclaves aussi authentiques que possible pour le lecteur francophone? Le problème est amplifié par le fait que le personnage de l'esclave Georgia parle non seulement une variété de Black English, mais aussi le dialecte Gullah des îles côtières de la Caroline du Sud à la fin du 18e siècle. Voici une phrase prononcée par Georgia utilisant ces deux variétés linguistiques (d'abord le Gullah) :

"De buckgra gib we de gam; demse'f nyam de hin'quawtuh."
(Hill, 2007, p. 128)

"The white people done give us the front quarter, they done eat the hindquarter themselves." (Hill, 2007, p. 129)

L'on imagine difficilement un plus grand défi de traduction! Noël a tenté d'adapter l'énoncé en Gullah de la façon suivante : « Boukras donner nous devant; ga'der derrière »; par contre, elle a recours au français standard pour rendre le vernaculaire noir dans ce cas : « Les Blancs nous ont donné le quartier devant et ont gardé pour eux le quartier arrière » (*Aminata*, p. 161), ce qui aboutit clairement à une perte. (Pour une discussion plus approfondie, voir Lappin-Fortin 2015 et 2016.)

Considérons maintenant les difficultés rencontrées dans la traduction du roman *Jean de Florette* de Marcel Pagnol, telles que soulignées par Hervey et Higgins (p. 168-169). Comment traduire les traits dialectaux des jeunes paysans de l'histoire, par exemple dans cette lettre d'Attilio à son ami Ugolin?

Collègue,

Je t'ai pas répondu de suite pourquoi ma sœur s'est marié avec Egidio, celui qui la chaspait tout le temps. Mintenant, s'est son droit. Pour les boutures, naturèlement que je t'en fais cadot. Mon père Monsieur Tornabua est d'acort. Je lui ai pas dit que tu m'a demandé le prix. Cà lui aurait fait pêne. Elles seront prête pour le mois d'April. Prépare le champ, et surtout l'eau. Mon père Monsieur Tornabua dit que pour dix mille plante il te faut une réserve d'au moins quatre cents mètres cubes. Si tu les as pas sur sur sur, c'est pas la peine de comencer pour pas finir. Tu as bien compris? Quatre cent mètres. Et pas des mètres de longueur. C'est des cube, les mêmes qu'au certificat d'études : qu'à cause de ces mètres j'ai jamais pu le passer, et mintenant je m'en sers pour gagner des sous bien plus que l'essituteur! C'est çà la vie! Ecrit moi encore, mais fais un peu entention à ton ortografe! On ni comprend rien, il faut toultan deviner! Je dis pas sa pour te vexer. Moi aussi, samarive de pas bien connaître un mot comment ca s'écrie : alors, à la place, j'en met un autre!

Ton ami Attilio.

Pagnol a réussi à imiter quelques caractéristiques du piedmontais, par exemple, en utilisant *pourquoi* pour *parce que*, *April* pour *avril*, le verbe d'origine provençale *chasper* (*to feel up*, *grope*) et la répétition d'adjectifs *sur, sur, sur*. Cet effet sera évidemment perdu en anglais, mais le traducteur doit tout au moins essayer de créer l'effet d'un parler régional. Il est clair, d'ailleurs, que Pagnol souhaite évoquer le français non standard d'un jeune homme avec peu d'instruction, cette lettre constituant une véritable mine de fautes d'orthographe.

Examinons maintenant le TA proposé ci-dessous. Comment le traducteur a-t-il tenté d'évoquer le parler d'un paysan français? D'un paysan provençal? Que fait-il pour reproduire l'effet ludique du passage original? Que pensez-vous de cette traduction? (Auriez-vous fait autrement?)

Friend,

I did not answer you immediately because my sister married Egidio, the one who chased her all the time. Now it's his right. As for the cuttings, naturally I'll make you a present of them. My father Monsieur Tornabua agrees. I didn't tell him you asked me the price. That would hurt him. They will be ready for you in April. Prepare the field, and especially the water. My father M. Tornabua says that for ten thousand plants you should have a reservoir of at least four hundred cubic meters. If you haven't got that absolutely certainly certainly certainly it's not worth the trouble of starting and not finishing. Do you understand properly? Four hundred meters. And not meters long. Cubes, the same as on the certificate of studies that I could never pass because of those meters, and now I use them to earn more sous than the teacher. That's life! Write to me again, but pay a little attention to your spelling! I didn't understand anything, I had to guess. I don't say this to annoy you. Me too, it happens to me not to understand a word well when somebody writes it; so, in its place, I put another!

Your friend
Attilio

Finalement, le traducteur a choisi de rester très près du texte de départ, ayant recours à l'emprunt (*Monsieur, sous*) et à la traduction littérale (*I'll make you a present of them... Me too, it happens to me...*); de cette manière, il réussit à évoquer une certaine *étrangeté* et encourage le lectorat anglophone à entendre la voix d'un paysan du sud de la France. Cependant, à la différence de l'auteur, le traducteur a choisi de respecter les normes grammaticales et orthographiques; on constate nettement moins d'écarts par rapport à la langue standard dans la lettre anglaise – et aucune faute d'orthographe. Par conséquent, l'ironie et l'humour créés vers la fin du TD (*... fais un peu entention à ton ortografe! On ni comprend rien, il faut toultan deviner!*) se perd dans la traduction. De plus, la dernière phrase du TA constitue un écart de sens important, pour ne pas dire un non-sens. Un recours à l'adaptation aurait abouti à une traduction plus fidèle, nous semble-t-il, par exemple : *Rite to me again, but pay a little atenshun to your spelling! I din understand anything, I had to gess. [...] Me too, it happens to me not to no how to rite a word; so, in its place, I put another!*

Exercice IV.2

Traduire *le joual*

Michel Tremblay a choisi le *joual* pour transmettre les voix du milieu populaire de Montréal. Ainsi, pour bien traduire une pièce comme *Les belles-sœurs* (première édition 1968), il faut tout d'abord une connaissance des variantes (phonétiques, morphosyntaxiques, lexicales) de ce code « non standard ». Ensuite, il faut savoir recréer l'effet équivalent dans la LA. Si cette pièce a connu un succès énorme sur la scène internationale, c'est qu'on y reconnaît une certaine universalité dans la petite misère – « la maudite vie plate » des femmes de milieux défavorisés partout – et que ces voix populaires peuvent se traduire dans différents codes. Par exemple, pour un public américain, on pourrait entendre sur scène le sociolecte de Brooklyn; une adaptation en Angleterre pourrait utiliser le *cockney* à la Eliza Dolittle, ou encore la variante d'une « Shirley Valentine »…

1. Imaginez que vous montez cette pièce, en anglais, sur votre campus. Quel « code » choisiriez-vous? Exercez-vous avec le passage ci-dessous (Tremblay, p. 23).

   LES CINQ FEMMES, ensemble — Quintette : Une maudite vie plate! Lundi! […]
   LES CINQ FEMMES — Là, là, j'travaille comme une enragée, jusqu'à midi. J'lave. Les robes, les jupes, les bas, les chandails, les pantalons, les canneçons, les brassières, tout y passe! Pis frotte, pis tord, pis refrotte, pis rince… C't'écœurant, j'ai les mains rouges, j't'écœurée. J'sacre. À midi, les enfants reviennent. Ça mange comme des cochons, ça revire la maison à l'envers, pis ça repart! L'après-midi, j'étends. Ça, c'est mortel! J'haïs ça comme une bonne! Après, j'prépare le souper. Le monde reviennent, y'ont l'air bête, on se chicane! Pis le soir, on regarde la télévision! Mardi!

   _____

   _____

   _____

   _____

_____

_____

_____

_____

2. Comparez votre traduction avec celle de William Findlay et Martin Bowman. Selon vous, pour quel public ont-ils fait cette adaptation? Expliquez... (Relevez des variantes phonétiques, morphosyntaxiques et lexicales bien précises.)

_____

_____

_____

_____

[...] THE FIVE WOMEN
(together)
This empty, scunnerin life! Monday! [...]
Then ah works like a daft yin till wan a'cloack. Ah waash shirts, soacks, yerseys, under claes, breeks, skirts, froacks... the haill loat. Ah scrub thum. Ah wring thum oot. My hands are rid raw. My back is stoonin. Ah wan a'cloak the bairns come home. They eat like pigs. They turn the hoose upside doon. Then they clear oot. In the effternin ah hingoot the waashin. Hit's the worst. Ah hate it. Eftirthat, ah make the tea. They aw come home. They're crabbit. Thurs's aye a rammy. Then a night we watch the telly. Tuesday. (Tremblay, *The Guid-Sisters*, Toronto, 1988, p. 12-13)

_____

_____

_____

_____

C. Problèmes de code...

3. Maintenant, comparez votre traduction à celle réalisée pour un public canadien-anglais par John Van Burek et Bill Glassco.

[...]

THE FIVE WOMEN: together

This stupid, rotten life! Monday!

[...]

Then I work. I work like a demon. I don't stop till noon. I wash... Dresses, shirts, stockings, sweaters, pants, underpants, bras. The works. I scrub it. I wring it out. I scrub it again. I rinse it... My hands are chapped. My back is sore. I curse like hell. At noon, the kids come home. They eat like pigs. They mess up the house. They leave. In the afternoon, I hang out the wash, the biggest pain of all. When I finish with that, I start the supper. They all come home. They're tired and ratty. We all fight. But at night we watch TV. Tuesday. (Tremblay, *Les Belles Sœurs*, Vancouver, 1974, p. 15)

La Classe

Traduisez en respectant le niveau de langue et le « code ».

— Que ce soit clair dès le début de l'année : je veux que quand ça sonne on se range immédiatement. Cinq minutes à rejoindre le rang plus cinq minutes à monter plus cinq autres d'installation, en tout on perd un quart d'heure de boulot. Essayez un peu de calculer ce que ça fait, un quart d'heure de perdu par cours sur toute l'année. À raison de vingt-cinq heures par semaine et trente-trois semaines, ça fait plus de trois mille minutes perdues. Y'a des collèges, sur une heure ils bossent une heure. Ces collèges-là, vous partez avec trois mille minutes de retard sur eux. Et après on s'étonne.

Boucles d'oreilles plastique rose, Khoumba n'a pas levé le doigt pour parler.

— M'sieur y'a jamais une heure, tous les cours il font, j'sais pas moi, cinquante minutes, jamais une heure. Par'emple ici on commence à huit heures vingt-cinq et le premier cours il finit à neuf heures vingt, ça fait pas une heure.

— Ça fait cinquante-cinq minutes.

— C'est pas une heure, vous avez dit c'est une heure mais c'est pas une heure.

— Oui enfin bon, l'important c'est qu'on perd trop de temps, et là encore on est en train d'en perdre.

(extrait de François Bégaudeau, *Entre les murs*, p. 14-15)

Important

1. Tentez d'évoquer la voix des profs et des élèves de votre région. (Soyez idiomatique!)

2. Attention aux mots pièges (par ex., *collège* [terme spécifique au système français], *cours*, *perdre du temps*, *M'sieur*).

_____

_____

_____

_____

Exercice IV.4

Traduire le *Valleygirlspeak*

Voici un extrait du roman *The Corrections* de Jonathan Franzen (2001) :

Cheryl said to Tiffany: "So, my dad's like, you've got to sublet if you're going to Europe, and I'm like, I promised Anna she could stay there weekends when there's home games so she can sleep with Jason, right? … But my dad's getting like all bottom-line, and I'm like, hello, it's my condominium, right? You bought it for me, right? I didn't know I was going to have some stranger, you know, who, like fries things on the stove and sleeps in my bed?"

Tiffany said: "That is so-gross."

(**Note :** Cet exemple est cité dans Folkart, 2007, p. 366.)

1. Qu'est-ce qui caractérise ce sociolecte américain?

2. Comment pourrait-on adapter ce passage en français? (pour la France? pour le Québec?)

_____

_____

_____

_____

_____

_____

Exercice IV.5

Traduire la bande dessinée.

- Respectez le(s) niveau(x) de langue.
- Essayez de reproduire les jeux de mots.
- Faites toute adaptation nécessaire.
- Quelle perte est inévitable, surtout pour le lecteur français de France?

GET FUZZY   *BY DARBY CONLEY*

Source : Darby Conley (2005), "Get Fuzzy", *Toronto Star*, 1/9/2005

1. What are you doing? _____

2. My attorney informs me I'm not at liberty to divulge that information.

   _____

   _____

3. You're burning my and Satchel's stuff! I already told you not to burn stuff you don't like!

   _____

   _____

4. No, No. We're burning THIS stuff for warmth.

   _____

5. Dude, the thermostat is at 90°. _____

C. Problèmes de code:....

6. Sadly, I have contracted a condition which requires my living environment to be a constant 120°.

_____

_____

7. His attorney has an official warrant to burn our stuff.

_____

8. Oh yeah? Does your CATTORNEY have any warrants that'll get you out of being sent to your closet for a week?

_____

_____

9. Let go of me! Do you know who I am? I'll RUIN you! Sue him, Felix!

_____

_____

10. I believe the law allows this. _____

11. What?! You're incompetent! And FIRED! I'll see you disbarred, you quack!

_____

_____

12. I notice that your possessions have been burned...Here's my card.

_____

_____

13. Ooo, pretty ambulance! _____ (?)

D. « Lost in translation? »

Malgré les meilleurs efforts de la part du traducteur pour saisir les nuances stylistiques ou pour reproduire un effet humoristique du texte source – tout en tenant compte de différences culturelles éventuelles –, une perte est parfois inévitable...

1. Jeux de mots

Les jeux de mots qui ne se traduisent pas (souvent parce que la même expression idiomatique n'existe pas dans la LA) présentent des obstacles importants pour le traducteur. Prenons, par exemple, l'expression anglaise « Been there, done that », à l'origine de ces deux jeux de mots difficiles à reproduire en français :

- *Bin there, dump that* (sur un chantier de construction);
- *Been there, scene that* (titre d'un article sur les groupes rock indie de Montréal, dans *Maclean's*, 21/02/2007).

Citez deux ou trois autres jeux de mots pour lesquels une traduction satisfaisante vous semble impossible :

_____

_____

_____

2. Les nuances de *tu/vous*

Nous avons évoqué, dans la Partie II-H du manuel (La compensation), les difficultés de traduction résultant des particularités du système d'adresse du français. Comme le tutoiement et le vouvoiement n'ont pas de véritable équivalent en anglais, le traducteur peut combler la lacune à l'aide de l'emprunt, comme dans cet extrait de *Madame Bovary*, qui décrit le comportement de Charles le lendemain de son mariage avec Emma :

> Mais Charles ne dissimulait rien. Il l'appelait ma femme, la tutoyait, s'informait d'elle à chacun, la cherchait partout.
> (Flaubert, *Madame Bovary*, 1966, p. 64)

But Charles hid nothing. He addressed her as "ma femme", using the intimate "tu", kept asking everyone where she was and looking for her everywhere.

(Flaubert, 1991, p. 34)

Comment communiquer autrement la valeur de ce « tu » français? Ce n'est pas toujours facile! Même dans cette excellente adaptation de Nancy Huston, dans sa propre version anglaise de son texte français, on sent que quelque chose s'est perdu en route... L'auteure raconte ainsi la première rencontre de ses personnages, Andras et Saffie :

Vous êtes de quel pays? demande-t-elle. [...]	"You're from what country?" she asks him. [...]
— Andras, à votre avis? dit l'autre. [...]	"*Andras* – what do you think?" says the man. [...]
— Je ne sais pas.	"I don't know."
— Tu ne sais pas?	"You don't know?"
— Non, dit Saffie, ravie de cette intimité accidentelle.	"No," says Saffie, her heart thumping inexplicably.
— Et Budapest, vous savez?	"And Budapest, you know?" says Andras.
Inopinément, Andras est revenu au vous.	"...Ungarn?" ventures Saffie, timidly.
— ... Ungarn? dit Saffie, incertaine.	

(version originale, p. 141; version anglaise, p. 89)

Note : La version anglaise perd également la nuance de l'erreur « vous savez ».

3. L'humour

Parvenir à reproduire l'humour d'un TD constitue un défi de taille pour le traducteur, que l'aspect ludique trouve ses origines dans des jeux de mots, de l'humour physique, ou encore qu'il soit véhiculé par l'intermédiaire d'un code non standard. Rappelons les efforts réalisés pour compenser l'accent corse dans la traduction de *Astérix en Corse*. Le roman *Zazie dans le métro* de Raymond Queneau pose des difficultés semblables au traducteur et dans certains extraits, comme le souligne Armstrong (p. 34-35), l'adaptation n'est qu'à moitié réussie :

One of the notable features of *Zazie dans le Métro* is its importation into the narrative of some non-standard features of spoken French [...] Queneau seems here to be playing a sophisticated literary game, deploying sociolinguistic resources to provide high-level diversion for the reader who shares them. [...] At any rate, it is enough to suggest that sequences like *Du coup, a boujplu. A boujpludutou* are untranslatable [...] because stretches like these refer to aspects of the culture underlying the language in such a specific way. Thus, any attempt to render a working-class Parisian feature would by definition have to refer to something non-Parisian, and hence a more or less approximate equivalent – Cockney, perhaps. A recent translation (Queneau, 2000:36) renders the above sequence as:

[...] What a sight; she doesn't budge. She doesn't budget at all.

Here the translator seems to have decided to substitute for the omission of *ne* and the Parisian /a/ vowel respectively, a contraction [...] and a pun [...] but clearly the rendering of A boujpludutou by "She doesn't budget at all" produces a very broad effect: what is retained is the rather whimsical humour of the original. All else is lost.

4. Fidélité à la LA ou à la LD?

Dès les premières pages de ce manuel, nous avons évoqué le grand dilemme du traducteur, soit la tension entre la fidélité à la langue source et la fidélité à la langue cible (*source-oriented / target-oriented*). Au premier siècle, saint Jérôme, traducteur de la Bible, insiste sur l'importance de respecter « la lettre » du texte religieux. Or, dès le siècle des Lumières en France, le traducteur commence à accorder une plus grande importance à son public – maintenant lettré – et aux normes de la LA (Oseki-Dépré, p. 34).

Du point de vue de la linguistique moderne, la communication du message est primordiale; le traducteur doit donc rester sensible aux besoins de son lectorat. Par contre, il faut savoir quelles spécificités culturelles du TD doivent être préservées. Venuti oppose l'approche de la *domestication* (traduire pour que le texte se conforme à la culture de la LA) et celle de la *foreignization* (préserver l'information du TD, même s'il faut dévier de la norme culturelle de la LA). Dans ce dernier cas, si le traducteur fait un effort délibéré pour souligner les différences culturelles du TD, à quel moment risque-t-il de « dépayser » complètement son public? À l'inverse, s'il adopte un style aussi naturel que possible, afin que le TA « ne sente pas la traduction », s'efforçant de s'adapter aux contraintes de la LA, il risque de perdre des informations essentielles du TD, voire de supprimer l'identité, les valeurs, les spécificités culturelles de la langue source. Berman (p. 29) utilise le terme *ethnocentrique* pour déplorer cette approche à la traduction : « [...] qui ramène tout à sa propre culture, à ses normes et valeurs, et considère ce qui est situé en dehors de celle-ci – l'Étranger – comme négatif ou tout juste bon à être annexé, adapté, pour accroître la richesse de cette culture. » Il remet en question la façon traditionnelle d'envisager la traduction comme un acte de communication (soit la transmission d'un message en LD à une LA), insistant sur le fait que l'on ne peut situer au même plan un texte technique – où le traducteur doit nécessairement viser la clarté et la lisibilité – et une œuvre littéraire. D'après lui (p. 73) : « Amender une œuvre de ses étrangetés pour *faciliter* sa lecture n'aboutit qu'à la défigurer et, donc, à tromper le lecteur que l'on prétend servir. » (Pour aller plus loin, lire « Les 13 tendances déformantes de la traduction », selon l'analyse de Berman, p. 53.)

Il est clair qu'une tentative de déplacer géographiquement une œuvre, en substituant une variété linguistique à une autre, par exemple en choisissant de traduire le créole guadeloupéen dans un roman de Maryse Condé par un sociolecte noir américain (voir à ce sujet Kadish et Massardier-Kenney, et Lappin-Fortin, 2013), aboutit à la destruction du contenu culturel du texte source.

Un domaine qui illustre bien la tension entre le respect du TD et les besoins du TA est celui du sous-titrage. Bien entendu, la présence même de sous-titres rappelle au public que le film original est *étranger*. Face au TD, qui se situe souvent et parfois exclusivement au niveau du parler familier (voire populaire), le traducteur peut faire preuve de créativité et tenter une adaptation en LA. Ou bien, il peut choisir simplement de **neutraliser** les traits non standards et les références culturelles. Quelle approche est la plus avantageuse ? Certains (par ex., Mevel, 2014) ont suggéré qu'une transposition culturelle possible existe entre le vernaculaire noir américain et le français des cités (un code des banlieues françaises), citant l'existence de réalités et de valeurs communes. Or, de telles adaptations posent certainement des risques. Dans le sous-titrage d'un film américain, il vaut mieux préserver des références culturelles américaines – surtout que ces références sont bien connues des jeunes Français (voir Offord). Et, même dans la situation inverse, celle du sous-titrage d'un film français pour un public américain, si l'histoire se déroule clairement en France, on recommande d'éviter des adaptations qui le déplacent ailleurs. Comme le souligne Mevel, l'adaptation de certaines références culturelles dans le sous-titrage américain du film français *La Haine*, de Mathieu Kassovitz (par ex., une bière Kronenbourg devient « une Bud », les personnages Astérix et Darty deviennent « Snoopy et Walmart »), a abouti à une aberration culturelle, « a schizophrenic object that inhabits two spaces at once » (cité aussi dans Lappin-Fortin, 2016).

En somme, il faut respecter non seulement la langue et la culture du texte source, mais aussi celles du public auquel la traduction se destine. Dans son article « Le doublage au Canada : politiques de la langue et la langue des politiques », Paquin (2000) défend l'importance d'accorder à des traducteurs québécois le travail de doublage pour des films étrangers destinés au public québécois. L'on comprend facilement les frustrations de ce public devant un film américain sous-titré en France (p. 131) : « Pourquoi serions-nous obligés d'entendre des voyous du Bronx s'engueuler en argot parisien? » Nous pensons ici à la récente série américaine *Bosch*, dont les dialogues sont truffés de jargon policier et du *slang* des rues de Los Angeles. La traduction est assez bien faite, mais elle cible clairement un public « hexagonal ». Cela est évident dès la première minute du premier épisode, lorsque le personnage de Jerry Edgar dit à son partenaire Harry Bosch : « You're crazy », et on lit : « Tu déconnes. » Ensuite, la victime (*the kid*) devient « le gosse » ou « le môme », et l'arme du « flic » est son « flingue ». Considérons aussi les répliques suivantes : « He's an MD, smart ass » = « Un médecin, crétin. »; « Goddammit! » = « Bordel! »; « You look like shit, Bosch. » = « Quelle sale mine. » Cela dit, le téléspectateur québécois comprend facilement ces termes bien « français de France ». Par contre, l'adaptation ludique des noms de deux détectives, soit le duo « Crate and Barrel » qui devient « Casto et Rama » (Castorama est une chaîne française de magasins de bricolage) perd tout effet humoristique au Québec. La référence à une réalité québécoise (peut-être « Marchand et Rona »?) aurait nettement plus de succès auprès d'un public canadien; toutefois, la meilleure solution réside sans doute dans une adaptation qui sache respecter le contexte typiquement américain de ce drame policier, mais qui soit comprise du public de la LA (par ex., « Home et Depot »? « Mac et Donald »?).

En guise de conclusion...

Malheureusement, une étude approfondie du domaine du sous-titrage, ou de la question de la traduction des dialectes et des sociolectes, tout comme une discussion de la *politique* de la traduction dépassent les limites du présent manuel. Ces sujets méritent pourtant d'être explorés davantage. Nous ne présentons ici qu'un aperçu des défis qu'affronte le traducteur en tentant de bien exercer son métier. « *Traduttore-Traditore* »? Peut-être... Mais clairement, le travail de traduction est aussi d'une certaine manière « une histoire d'amour » : l'amour et le respect pour deux langues et deux cultures différentes que l'on met face à face. Le traducteur sert d'intermédiaire, dressant en quelque sorte un pont entre celles-ci, un lieu de rencontre, utilisant tout le matériel et tout le savoir à sa disposition. En guise de conclusion, nous proposons l'exercice de synthèse suivant qui sert à rappeler, une dernière fois, qu'il n'existe pas de « traduction parfaite », seulement le défi d'en réaliser une...

Exercice de synthèse : traduire *Cyrano*

Peu de textes présentent autant de défis au traducteur que la célèbre pièce d'Edmond Rostand, *Cyrano de Bergerac* (1897). Comment reproduire le génie de ses vers, préserver l'esthétique poétique (le contenu stylistique), tout en assurant le rire et les larmes des spectateurs, et sans sacrifier le message (le contenu sémantique) de cette inoubliable histoire d'amour?

Considérons, à titre d'exemples, les passages suivants :

La tirade du nez
LE VICOMTE [...]
Vous... vous avez un nez... heu... un nez... très grand.
[...]
CYRANO, *imperturbable*
C'est tout?
[...]
Ah! non! c'est un peu court, jeune homme!
On pouvait dire... Oh! Dieu!... bien des choses en somme...
En variant le ton, – par exemple, tenez :
Agressif : « Moi, monsieur, si j'avais un tel nez,
Il faudrait sur-le-champ que je me l'amputasse! »
Amical : « Mais il doit tremper dans votre tasse
Pour boire, faites-vous fabriquer un hanap! »
Descriptif : « C'est un roc!... c'est un pic!... c'est un cap!
Que dis-je, c'est un cap?... C'est une péninsule! »
Curieux : « De quoi sert cette oblongue capsule?
D'écritoire, monsieur, ou de boîte à ciseaux? »
Gracieux : « Aimez-vous à ce point les oiseaux
Que paternellement vous vous préoccupâtes
De tendre ce perchoir à leurs petites pattes? »
Truculent : « Ça, monsieur, lorsque vous pétunez,
La vapeur du tabac vous sort-elle du nez
Sans qu'un voisin ne crie au feu de cheminée? »
Prévenant : « Gardez-vous, votre tête entraînée
Par ce poids, de tomber en avant sur le sol! »
Tendre : « Faites-lui faire un petit parasol
De peur que sa couleur au soleil ne se fane! »

Pédant : « L'animal seul, monsieur, qu'Aristophane
Appelle Hippocampéléphantocamélos
Dut avoir sous le front tant de chair sur tant d'os! »
Cavalier : « Quoi, l'ami, ce croc est à la mode?
Pour pendre son chapeau, c'est vraiment très commode! »
Emphatique : « Aucun vent ne peut, nez magistral,
T'enrhumer tout entier, excepté le mistral! »
Dramatique : « C'est la Mer Rouge quand il saigne! »
Admiratif : « Pour un parfumeur, quelle enseigne! »
Lyrique : « Est-ce une conque, êtes-vous un triton? »
Naïf : « Ce monument, quand le visite-t-on? »
Respectueux : « Souffrez, monsieur, qu'on vous salue,
C'est là ce qui s'appelle avoir pignon sur rue! »
Campagnard : « Hé, ardé! C'est-y un nez? Nanain!
C'est queuqu'navet géant ou ben queuqu'melon nain! »
Militaire : « Pointez contre cavalerie! »
Pratique : « Voulez-vous le mettre en loterie!
Assurément, monsieur, ce sera le gros lot! »
Enfin parodiant Pyrame en un sanglot :
« Le voilà donc ce nez qui des traits de son maître
A détruit l'harmonie! Il en rougit, le traître! »
— Voilà ce qu'à peu près, mon cher, vous m'auriez dit
Si vous aviez un peu de lettres et d'esprit :
Mais d'esprit, ô le plus lamentable des êtres,
Vous n'en eûtes jamais un atome, et de lettres
Vous n'avez que les trois qui forment le mot : sot!
[...]
(Acte I, scène IV; Folio, 1983, p. 72-73)

Ballade du duel...
CYRANO, *fermant une seconde les yeux.*
Attendez!... je choisis mes rimes... Là, j'y suis.
    Il fait ce qu'il dit, à mesure.
Je jette avec grâce mon feutre,
Je fais lentement l'abandon
Du grand manteau qui me calfeutre,
Et je tire mon espadon;
Élégant comme Céladon,

Exercice de synthèse

Agile comme Scaramouche,
Je vous préviens, cher Mirmydon,
Qu'à la fin de l'envoi je touche! [...]
(Acte I, Scène IV; p. 78)

Cyrano confesse son amour pour Roxane
CYRANO
   Qui j'aime?... Réfléchis, voyons. Il m'interdit
Le rêve d'être aimé même par une laide,
Ce nez qui d'un quart d'heure en tous lieux me précède;
Alors moi, j'aime qui?... mais cela va de soi!
J'aime – mais c'est forcé! – la plus belle qui soit!

[...] Un danger
Mortel sans le vouloir, exquis sans y songer,
Un piège de nature, une rose muscade
Dans laquelle l'amour se tient en embuscade!
Qui connaît son sourire a connu le parfait.
Elle fait de la grâce avec rien, elle fait
Tenir tout le divin dans un geste quelconque,
Et tu ne saurais pas, Vénus, monter en conque,
Ni toi, Diane, marcher dans les grands bois fleuris,
Comme elle monte en chaise et marche dans Paris!...
(Acte I, Scène V; p. 86-87)

Partie A

Comparons maintenant ces extraits du texte français avec la version proposée par Brian Hooker (The Modern Library, 1951).

   (**Note** : La version de Hooker a longtemps été « la » traduction officielle de la pièce, du moins en Amérique du Nord. C'est celle utilisée dans le film américain (1950) mettant en vedette José Ferrer, puis dans la production au festival de Stratford en Ontario, en 1962, avec Christopher Plummer dans le rôle de Cyrano.)

Tirade
CYRANO [...]
   Ah, no, young sir!

Exercice de synthèse

You are too simple. Why, you might have said –
Oh, a great many things! Mon dieu, why waste
Your opportunity? For example, thus: –
AGGRESSIVE: I, sir, if that nose were mine,
I'd have it amputated – on the spot!
FRIENDLY: How do you drink with such a nose?
You ought to have a cup made specially.
DESCRIPTIVE: 'Tis a rock – a crag – a cape –
A cape? Say rather, a peninsula!
INQUISITIVE: What is that receptacle –
A rasor-case or a portfolio?
KINDLY: Ah, do you love the little birds
So much that when they come and sing to you,
You give them this to perch on?
INSOLENT: Sir, when you smoke, the neighbors must suppose
Your chimney is on fire.
CAUTIOUS: Take care –
A weight like that might make you top heavy.
THOUGHTFUL: Somebody fetch my parasol –
Those delicate colors fade so in the sun!
PEDANTIC: Does not Aristophanes
Mention a mythologic monster called
Hippocampelephantocamelos?
Surely we have here the original!
FAMILIAR: Well, old torchlight! Hang your hat
Over that chandelier – it hurts my eyes.
ELOQUENT: When it blows, the typhoon howls,
And the clouds darken.
DRAMATIC: When it bleeds – The Red Sea!
ENTERPRISING: What a sign for some perfumer!
LYRIC: Hark – the horn
Of Roland calls to summon Charlemagne! –
SIMPLE: When do they unveil the monument?
RESPECTFUL: Sir, I recognize in you
A man of parts, a man of prominence –
RUSTIC: Hey? What? Call that a nose? Na, na –
I be no fool like what you think I be –
That there's blue cucumber!

MILITARY: Point against cavalry!
PRACTICAL: Why not a lottery with this for the grand prize?
Or – parodying Faustus in the play –
"Was this the nose that launched a thousand ships
And burned the topless towers of Ilium?"
These, my dear sir, are things you might have said
Had you some tinge of letters, or of wit
To color you discourse. But wit, – not so,
You never had an atom – and of letters,
You need but three to write you down – an Ass.
(Act I, p. 44-46)

Ballade of the duel at the Hôtel de Bourgogne...
[...]
Lightly I toss my hat away,
Languidly over my arm let fall
The cloak that covers my bright array –
Then out swords, and to work withal!

A Launcelot, in his lady's hall...
A Spartacus, at the Hippodrome!
I dally awhile with you, dear jackal,
Then, as I end the refrain, thrust home.
[...]
(p. 50)

Cyrano confesses his love for Roxanne
CYRANO
Whom I love? Think a moment. Think of me –
Me, whom the plainest woman would despise –
Me, with this nose of mine that marches on
Before me by a quarter of an hour!
Whom should I love? Why – of course it must be
The woman in the world most beautiful.
[...]
  Dangerous
Mortally, without meaning; exquisite
Without imagining. Nature's own snare

To allure manhood. A white rose wherein
Love lies in ambush for his natural prey.
Who knows her smile has known a perfect thing.
She creates grace in her own image, brings
Heaven to earth in one movement of her hand –
Nor thou, O Venus! balancing thy shell
Over the Mediterranean blue, nor thou,
Diana! Marching through broad, blossoming woods,
Art so divine as when she mounts her chair,
And goes abroad through Paris!
(p. 59-60)

Questions : Partie A

1. Comparez le TD et le TA sur le plan du rythme et de la rime. Que remarquez-vous?

_____

_____

Note : Dans la préface de l'édition anglaise citée, on explique que le traducteur :

[...] was making [this new version] directly for production on the stage
and only incidentally for publication, [therefore] he wrote it by the ear
and for the ear. While preserving the metres and the rhyme-schemes
of the incidental lyrics, he chose blank verse as the medium for the
dialogue, because, of course, the Alexandrine couplet would have sounded
outlandish to our theatre going public. (p. xii)

2. Expliquez le défi posé par le vers « Vous n'avez que les trois qui forment le mot :
sot! » Que pensez-vous de la solution de Hooker?

_____

_____

3. Nous avons vu avec quelle facilité on peut « traduire » des allusions culturelles,
historiques, littéraires ou mythiques _lorsqu'il existe un bagage culturel_ en commun.
(Voir Partie II.F.3 : Équivalence, Allusions culturelles.)

a) Dans les passages de *Cyrano de Bergerac* cités ci-dessus, relevez et expliquez toutes les références pour lesquelles une équivalence existait pour l'anglophone. (Connaissiez-vous ces allusions?)

_____

_____

_____

_____

b) Relevez les allusions qui ont posé un problème au traducteur parce qu'elles seraient méconnues d'un public anglo-américain. Ensuite, expliquez comment Hooker a pu adapter ces passages, en y substituant des références littéraires différentes, mais qui remplissent la même fonction.

   i)   i. Dans « La tirade du nez », pourquoi a-t-on remplacé une allusion littéraire à Pyrame par une référence à Faust? Est-ce une bonne adaptation, à votre avis? Expliquez.

   _____

   _____

   _____

   _____

   _____

   ii) Expliquez l'adaptation du vers « Lyrique ». Est-ce efficace, à votre avis?

   _____

   _____

   iii) Dans la « Ballade du duel... », expliquez la référence littéraire « élégant comme Céladon ». L'adaptation en anglais est-elle efficace?

   _____

   _____

Exercice de synthèse

iv) Quelles autres allusions ont dû être adaptées dans le TA?

_____

_____

_____

4. Décrivez l'utilisation d'un français non standard (campagnard) dans « La tirade du nez », puis expliquez comment le traducteur a reproduit l'essence « rustic » en anglais.

_____

_____

_____

_____

Partie B

Nous avons vu que Brian Hooker, lui-même poète, a composé des vers non rimés (*blank verse*), dans un effort de se rapprocher le plus possible du style de Rostand (les alexandrins en anglais n'étant pas une option). Il convient de souligner qu'une traduction ultérieure de Christopher Fry (faite pour une représentation à Chichester, en Angleterre, en 1975) se compose presque entièrement de « couplets » (rime ABAB). Comparez ces extraits de la version « rimée » de Fry à la traduction de Hooker :

La tirade
[...] Emphatic: "You needn't fear the chilling breeze.
Only a howling gale could make you sneeze."
Dramatic: "If it bled, we'd drown in the Red Sea."
Admiring: "What a perfumer's shop sign it would be!"
Lyric: "Is this the conch-shell the Tritons blew?"
Naive: "What time is the Monument on view?"
[...]
Rustic: "Is that a nose, maister? I dursel
Swear it's a pumpkin or a mangol-wurzel."

[...]
Or Pyramus with Thisbe by the wall:
"I kiss your nose-hole, not your lips at all!"
— Such, my dear sir, is what you might have said
If there was a grain of wit inside your head.
As man of letters you're hardly a success;
The only three you have are A-S-S.
(Oxford World's Classics, p. 21)

La ballade
"The Ballad of the Duel Fought
Between de Bergerac and the Figure Nought"
[...]
I swiftly toss away my hat,
And then, more slowly, I untie
My trailing cloak to follow that.
Then from the scabbard on my thigh
I draw my sword and raise it high –
And now the blade begins to flit
And flash like swallows in the sky,
And at the Coda's end I hit!
(p. 23)

Roxane
CYRANO Who? Just imagine. Any dreams I had
Of being loved have always ended poorly
Because this nose arrived ten minutes early.
So, in the mocking way of things, I'm fated
To love the loveliest woman God created.
[...]
A blameless snare of nature, where love lies
Concealed at ambush in a candid rose.
And any man who sees her smiling knows
The meaning of perfection. So much grace
In things inconsequential, that the face
Of heaven glows in the slightest thing she does [...]
(p. 28)

Questions : Partie B

1. Que pensez-vous de cette version rimée? Avantages? Désavantages?

    _____

    _____

2. Comparez la « tirade » de Fry et de Hooker au texte français original.

    a) Que remarquez-vous pour le vers « Lyrique »?

    _____

    b) Croyez-vous que Fry évoque aussi bien la voix « campagnarde » du vers « RUSTIC »?

    _____

    c) Fry a choisi de préserver la référence à Pyrame. Préférez-vous son vers ou celui de Hooker? Pourquoi?

    _____

    d) Selon vous, Fry propose-t-il une meilleure solution pour le vers : « ... vous n'avez que les trois [lettres] qui forment le mot : sot »?

    _____

    _____

3. Comparez les deux autres extraits (« ballade » et « Roxane »). À votre avis, pourquoi Fry y a-t-il supprimé toute allusion littéraire/culturelle?

    _____

    _____

Partie C

Voici maintenant quelques extraits de la version de Lowell Bair (Signet Classic, 1972) :

Tirade
[...] Lyrical: "Is that a conch, and are you Triton risen
from the sea?"

Naive: "Is that monument open to the public?"

[...]

Rustic: "That don't look like no nose to me. It's either
a big cucumber or a little watermelon."

[...]

Or finally, parodying the grief stricken Pyramus in
Théophile de Viau's play*: "This nose destroyed the har-
mony of its good master's features! See how the traitor
blushes now for shame!"

[...]

There, now you have an inkling of what you might have said to me if you
were witty and a man of letters. Unfortunately, you're totally witless and a
man of very few letters: only the four that spell the word: "fool".

(p. 39)

* Bair ajoute cette note en bas de page : « The reference is to a line from
  the play Pyrame et Thisbé by Théophile de Viau (1590-1626): "Here is
  the dagger that basely sullied itself with its master's blood. It is red with
  shame, the traitor!" »

Ballade

[...]

Wait, I'm thinking of how to begin...
I take off my hat and discard it,
I slowly abandon my cloak,
I draw my sword out of its scabbard,
Preparing to put it to use.
For the moment, I stand here before you,
Elegant calm, and serene,
But I warn you, my impudent scoundrel,
When I end the refrain, I draw blood.

(p. 43)

Roxane

CYRANO

With whom I'm in love? Come now, think a moment: this nose of mine,
which precedes me by a quarter of an hour wherever I go, forbids me ever
to dream of being loved by even an ugly woman. You ask me whom I love?

The answer should be clear to you! Whom else would I love but the most beautiful woman in the world!

[...]

She's a mortal danger without meaning to be one; she's exquisite without giving it a thought; she's a trap set by nature, a rose in which love lies in ambush! Anyone who has seen her smile has known perfection. She creates grace without movement, and makes all divinity fit into her slightest gesture. And neither Venus in her shell, nor Diana striding in the great blossoming forest, can compare to her when she goes through the streets of Paris in her sedan chair!

(p. 49-50)

Questions : Partie C

1. a) Bair a-t-il bien respecté le contenu *sémantique* du TD? Est-ce plus/moins/aussi fidèle que les versions de Hooker et de Fry?

   _____

   _____

   _____

   b) Bair a choisi d'adapter le « mot à trois lettres... sot », par un mot à *quatre* lettres : « fool ». Pourquoi, à votre avis? Aimez-vous cette solution?

   _____

2. a) Bair a-t-il bien respecté le contenu *stylistique* du TD? Expliquez...

   _____

   _____

   b) Que pensez-vous du style de cette version? De sa valeur esthétique? Ludique?

   _____

   _____

Partie D

Nous venons de voir trois approches bien différentes au texte de Rostand : vers non rimés, couplets et, tout simplement, prose. Voici maintenant une quatrième version : la traduction/adaptation d'Anthony Burgess (première publication en 1985, nous citons ici l'édition Applause, 1998), maintenant aussi connue en Amérique du Nord que celle de Brian Hooker, et qui a d'ailleurs été adoptée au festival de Stratford en 2009. En fait, elle est extrêmement bien adaptée à la scène : énergique, émouvante par moments, et surtout très amusante. (Il faut dire que l'acteur Colm Feore interprète exceptionnellement bien ce rôle de Cyrano, arrivant même à incorporer dans son jeu, avec une fluidité remarquable, des vers originaux de Rostand, en français.)

Dans son introduction à sa version, Burgess explique :

> Hooker has produced a play in cinq actes and vers, but he has not produced a comédie héroïque. Rostand is funny, as well as pathetic and sentimental, but Hooker rarely raises a laugh [...] The trouble lies, I think, in Hooker's decision to use blank verse, a medium that ceased to be dramatically viable about 1630. (édition Applause, 1998, p. x-xi)

Afin de reproduire l'aspect ludique du texte original, Burgess renonce donc aux vers non rimés. De plus, il évite les « couplets » (qu'il juge mal adaptés à une comédie), sauf dans quelques monologues de Cyrano :

Tirade
[...]
The gracious: "Are you fond of birds? How sweet –
A Gothic perch to rest their tiny feet."
[...]
Insolent: "Quite a useful gadget, that.
You hold it high and hang up your hat."
[...]
Lyric: "Ah, Triton rising from the waters,
Honking his wreathed conch at Neptune's daughters."
[...]
Rustic: "Nay Jarge, that aint' no nose. Why, that's
A giant turnip or a midget marrow.
Let's dig it up and load it on the barrow."

[...]
Practical: "Put that in a lottery
For noses, and it's bound to win first prize."
And finally, with tragic cries and sighs
The language finally wrought and deeply felt;
"Oh that this too too solid nose would melt."
That is the sort of thing you could have said
If you, Sir Moron, were a man of letters
Or had an ounce of spunk inside your head.
But you've no letters, have you, save the three
Required for self description: S. O. T. [...]
(p. 30-31)

Roxane
CYRANO   Absurd,
Isn't it? This nose precedes me everywhere,
A quarter of an hour in front, to say "Beware:
Don't love Cyrano" to even the ugliest.
And Cyrano now has to love the best
The brightest, bravest, wittiest, the most
Beautiful.
[...]
                    She's
A mortal danger without knowing it,
Undreamed-of-in-her-own dreams exquisite,
A roseleaf ambush where love lurks to seize
The unwary heart. The unwary eye that sees
Her smile sees pearled perfection. She can knit
Grace from a twine of air. The heavens sit
In every gesture. Of divinities
She's most divine. O Venus, amorous queen,
You never stepped into your shell; Dian-
You never glided through the summer's green
As *she* steps into her chair and then is seen
Gliding through dirty Paris –
(p. 38)

Questions : Partie D

1. Que pensez-vous de la version d'Anthony Burgess?

   a) Les rimes sont-elles maladroites, ou réussies?

   _____

   b) Cette version provoque-t-elle chez vous des rires, des émotions?

   _____

2. Que pensez-vous de la décision d'utiliser le mot *sot* dans la version anglaise?

   _____

Partie E

Rappelons qu'un bon traducteur doit se poser la question : *Pour qui traduit-on?* La traduction de Carol Clark (2006) est clairement destinée à un public britannique. Considérez, par exemple, son choix lexical dans ces vers de « la tirade du nez » :

> [...]
> Twee: "How darling of you to have built a perch
> For little birds to rest their tiny claws."
> [...]
> Friendly, masculine: "I say old chap, is that the latest fashion?
> It certainly will do to hang your hat on!"
> (Penguin Classics, 2006, p. 32-33)

Sa version présente quelques particularités fort intéressantes, voire surprenantes, surtout dans son traitement du « code non standard » évoqué dans le texte de Rostand (acte III). Clark explique dans son introduction (p. xvii-xvi) :

> Act III, Scène xiii presents a particular challenge in that Cyrano is supposed
> to adopt a regional accent [...] But what accent? In French, presumably
> a Gascon one, though the only example of "Gascon" that Rostand
> gives ("jeung" for "jeun" at l. 2073 of the original text) is in fact more
> characteristic of his native Marseille. The translator would favour using
> a Scottish accent [...] For British readers or hearers, it is associated with

bravery and stubbornness [...] Scots are traditionally underdogs, poor and proud, like Rostand's Gascons...

Clark propose donc d'adapter le passage suivant à l'aide d'une « équivalence culturelle ». (Précisons qu'au début de l'acte III, scène XI, dans un effort pour retenir De Guiche et permettre ainsi à Roxanne et Christian de se marier, Cyrano, dissimulant son identité, décide de déguiser sa voix...)

CYRANO
Diable! et ma voix... S'il la reconnaissait? [...]
                              Solennellement.
Cyrano, reprenez l'accent de Bergerac!...
DE GUICHE [...]
D'où tombe cet homme? [...]
CYRANO *se mettant sur son séant, et avec l'accent de Gascogne.*
                       De la lune!
[...]
J'arrive – excusez-moi! – par la dernière trombe.
Je suis un peu couvert d'éther. J'ai voyagé!
J'ai les yeux tout remplis de poudre d'astres. J'ai
Aux éperons, encor, quelques poils de planète!
                       Cueillant quelque chose sur sa manche.
Tenez, sur mon pourpoint, un cheveu de comète!...
                       Il souffle comme pour le faire envoler.
[...]
                       Vous voudriez de ma bouche tenir
Comment la lune est faite, et si quelqu'un habite
Dans la rotondité de cette cucurbite?
(Folio, 1983, p. 205-207)

Soulignons que rien dans les vers de Rostand n'évoque concrètement un accent quelconque. Hooker, Fry, Bair, Burgess, tous sont restés près du texte original : ils indiquent indirectement que Cyrano adopte ici un accent afin de mieux se déguiser, mais (tout comme Rostand), il ne s'agit nullement de recréer cet accent. Par exemple, Burgess se contente d'expliquer (édition Applause, p. 110) :

CYRANO : [*He speaks like a Gascon, not a Parisian.*]
Cyrano – be true de Bergerac.

Il revient donc au metteur en scène de se servir de son imagination ici...

Exercice de synthèse

Voici, par contraste, quelques extraits de la traduction (l'adaptation) de Carol Clark (édition Penguin Classics, p. 117-119) :

> DE GUICHE [*starting*]
> > Who's that?
> Where did you land from?
> CYRANO [*sitting up, Scottish accent*]
> > From the moon.
> [...]
> The time, the day, the month, the year? Where are we?
> My head's all spinnin' It's a long way, ye ken,
> From here to the moon.
> [...]
> > Ye must excuse me,
> I'm no exactly dressed for Paris since
> I just blew in on the planetary wind.
> The stardust's still about me – what a journey!
> Look, on my jerkin sleeve, a comet's hair!
> [...]
> The moon! What is it made of? And the wee man,
> Does he really live there?

Questions : Partie E

1. Que pensez-vous de cette adaptation de Clark? Proposez un argument *pour* et un argument *contre* sa décision de prêter à Cyrano de Bergerac un accent écossais.

   Pour : _____

   Contre : _____

2. Dans un théâtre à Édimbourg, une adaptation des *Belles-Sœurs* utilise le code du milieu populaire écossais pour traduire, avec grand succès, le « joual » des Montréalaises de Michel Tremblay. Pensez-vous que la décision de Carol Clark de traduire l'acte III, scène XIII, de *Cyrano de Bergerac* à l'aide de variantes écossaises se justifie pour les mêmes raisons? Expliquez...

   _____

Exercice de synthèse

_____

_____

_____

3. Clark suggère même que, pour un public américain, on pourrait y substituer un accent du Sud (américain) : « ...a Southern accent might have some suitable associations, and the story of the journey to the moon would fit well into the Southern "tall tale" tradition » (introduction, p. xvi). Que pensez-vous de cette idée?

_____

Partie F

Nous pourrions passer une éternité à comparer les différentes traductions de cette merveilleuse pièce de Rostand, mais terminons l'exercice en nous rappelant une dernière considération fort importante : celle du « mot juste ». Lisez attentivement ces derniers vers de la pièce :

La fin – Acte V, scène VI
[...] Ah! Je vous reconnais, tous mes vieux ennemis!
Le Mensonge?

> *Il frappe de son épée le vide.*

  Tiens, tiens! – Ha, ha! – les Compromis,
Les Préjugés, les Lâchetés!...

> *Il frappe.*

  Que je pactise?
Jamais, jamais! – Ah! te voilà, toi, la Sottise!
– Je sais bien qu'à la fin vous me mettrez à bas;
N'importe : je me bats! je me bats! je me bats!

> *Il fait des moulinets immenses et s'arrête haletant.*

Oui, vous m'arrachez tout, le laurier et la rose!
Arrachez! Il y a malgré vous quelque chose
Que j'emporte, et ce soir, quand je rentrerai chez Dieu,
Mon salut balaiera largement le seuil bleu,
Quelque chose que sans un pli, sans une tache,
J'emporte malgré vous,

> *Il s'élance, l'épée haute.*
>
> et c'est...
>
> [...] Mon panache.
>
> (édition Folio, p. 315)

Questions : Partie F

1. Comment traduiriez-vous les mots *mensonge, compromis, préjugés, lâchetés, sottise*?

   _____

2. Considérez maintenant le mot final : *panache*. Vérifiez-en le sens dans votre *Petit Robert*.

   a) Quel est le premier sens donné? Expliquez sa pertinence dans ce passage.

   _____

   b) Quel est le sens figuré indiqué dans le *Petit Robert*? Et l'exemple donné?

   _____

3. Comparez maintenant le TD avec le TA ci-dessous de Brian Hooker (The Modern Library, p. 299-300). Êtes-vous d'accord avec sa version? Justifiez votre réponse.

   _____

   _____

> [...] I know them now, my ancient enemies –
>
> (*He lunges at the empty air*)
>
> Falsehood!... There! There! Prejudice – Compromise –
> Cowardice –
>
> (*Thrusting*)
>
> What's that? No! Surrender? No!
> Never! never!...
>
> Ah, you too, Vanity!
> I knew you would overthrow me in the end –
> No! I fight on! I fight on! I fight on!
>
> (*He swings the blade in great circles, then pauses, gasping.*
> *When he speaks again, it is in another tone.*)

Yes, all my laurels you have riven away
And all my roses; yet in spite of you,
There is one crown I bear away with me,
[...]
      And that is...
            [...] My white plume...

Selon Clark (Penguin Classics, p. xvii), qui a aussi traduit Baudelaire et Proust :

There is only one word in the play which is really untranslatable, and that
is unfortunately the final and most important word – panache [...] Cyrano's
dying words – « mon panache » – must refer to the actual plume on his hat,
since he speaks of doffing it and sweeping the floor of heaven with it. But
also [...] to some defining aspect of his character [...] a morally admirable
one [...] certainly something more than the definition we find in the *Concise
Oxford* of 2004: "flamboyant confidence of style or manner".

Burgess tient lui aussi à préserver ce jeu de mots, nous expliquant, dans son
introduction (édition Applause, p. xiv) :

[...] *panache* [...] We use the word in English but we cannot always be sure
that we are using it in a Rostandian sense [...] (his) definition for the French
Academy in 1901: « [...] quelque chose de voltigeant, d'excessif, et un peu
frisé [...] Un peu frivole, peut-être, un peu théâtral sans doute [...] mais [...]
une grâce que je nous souhaite. » So subtly Gallic a concept cannot easily
be conveyed by any English word, except perhaps by something as symbolic
as *plume*, or *white plume*, which is what Cyrano flaunts on his hat and, of
course, is his literal *panache*.

Burgess et Clark ont donc opté pour le mot *panache*. (**Note** : Fry en a fait autant,
mais pas Bair, qui a préféré « my white plume ».)
Voici leurs traductions :

All my old enemies – Falsehood, Compromise,
Prejudice, Cowardice. You ask for my
Surrender? Ah no, never, no, never. Are
You there too, Stupidity?
You above all others perhaps were predestined

To get me in the end
But no, I'll fight on, fight on, fight –
He swings his sword again, then stops breathless. During his last speech he
    falls into Le Bret's arms.
You take everything – the rose and the laurel too.
Take them and welcome. But, in spite of you,
There is one thing goes with me when tonight
I enter my last lodging, sweeping the bright
Stars from the blue threshold with my salute.
A thing unstained, unsullied by the brute
Broken nails of the world, by death, by doom
Unfingered – See it there, a white plume
Over the battle – A diamond in the ash
Of the ultimate combustion –
[...]   My panache.
(Burgess, édition Applause, p. 174)

[...]
I know you all, all my old enemies.
Lies! Take that! Ha! Compromise, Spite,
Cowardice! [*Thrusts at the air*]
                Will I come to an arrangement?
No! Never! Ah, here comes Stupidity!
I know you'd get me in the end, but still
I'll go down fighting, fighting, fighting
[...]
Yes, you can take it all: the poet's crown.
The lover's garland, yet, there's something still
That will be always mine, and when today
I go into God's presence, there I'll doff it
And sweep the heavenly pavement with a gesture –
Something I'll take unsustained out of this world
In spite of you...
[...]   My panache.
(Clark, Penguin Classics, p. 186-187)

Questions : Partie F (suite)

4. La version de Clark arrive un quart de siècle après celle de Burgess. Que voit-on dans sa traduction de ces derniers vers qui indique un désir de se faire comprendre par un public d'aujourd'hui?

_____

_____

5. Laquelle des deux traductions préférez-vous? Pourquoi?

_____

_____

« JUSTE POUR RIRE / JUST FOR LAUGHS »

Quelques perles de la traduction infidèle :

- In a Paris hotel elevator: *Please leave your values at the front desk.*
- Outside a Paris dress shop: *Dresses for street walking.*
- Advertisement for donkey rides in Thailand: *Would you like to ride on your own ass?*
- In an Acapulco hotel: *The manager has personally passed all the water served here.*
- In a Rome laundry: *Ladies, leave your clothes here and spend the afternoon having a good time.*
- In a Bangkok dry cleaner's: *Drop your trousers here for best results.*
- In a Bucharest hotel lobby: *The lift is being fixed for the next day. During that time we regret that you will be unbearable.*
- In a hotel in Athens: *Visitors are expected to complain to the office between the hours of 9 and 10 am daily.*
- In a Yugoslavian hotel: *The flattening of underwear with pleasure is the job of the chambermaid.*
- A sign posted in Germany's Black Forest: *It is strictly forbidden on our black forest camping site that people of different sex, for instance, men and women, live together in one tent unless they are married with each other for that purpose.* (Lederer, *Anguished English*, p. 140-144)

EXAMEN MODÈLE

(droit aux dictionnaires)
Total des points : /100

A. Commenter brièvement les traductions suivantes en vous appuyant sur les notions théoriques étudiées. Expliquez de quel procédé de traduction il s'agit et/ou en quoi le TD et le TA sont différents.
Corrigez tout cas de calque qui constitue une erreur. **(15 x 2 = 30 pts)**

1. She planted forget-me-nots after her mother died.
   = Elle a planté du myosotis après la mort de sa mère.

   _____

2. Stay away! = Ne vous approchez pas!

   _____

3. No trespassing = Interdit de trépasser

   _____

4. Elle étudie à l'UQAM maintenant, mais son frère est toujours au cégep.
   = She goes to UQAM now, but her brother's still at cegep.

   _____

5. The horses galloped away. = Les chevaux sont partis au galop.

6. She demanded legal advice. = Elle a demandé des conseils légaux.

7. We would like to access all available documentation.
   = Nous aimerions accéder toute documentation disponible.

8. You'll get there eventually. = Tu y arriveras éventuellement.

9. Ear wax remover drops = Des gouttes pour enlever le cérumen

10. This is to confirm we received your letter. = Nous accusons bonne réception de votre document.

11. If you don't mind me asking... = Si je peux me permettre...

12. She was stabbed to death. = On l'a tuée à coups de couteau.

13. *When Harry met Sally* (film de Rob Reiner, 1989) = *Quand Harry rencontre Sally*

14. Flying planes can be dangerous. = La belle ferme la voile.

15. Fun for everyone! = Tout le monde s'amuse!

B. « La boîte de céréales »

Commenter brièvement les traductions suivantes en vous appuyant sur les notions théoriques étudiées. (10 pts)

1. How to get your free product coupon. = Comment réclamer votre coupon pour un produit gratuit.

   _____

   _____

2. See you at breakfast! = On se retrouve au petit déjeuner!

   _____

   _____

3. Restrictions apply: Free milk offer not valid in Quebec. = Certaines restrictions s'appliquent : L'offre de lait gratuit n'est pas valable au Québec.

   _____

   _____

4. How to play = Comment jouer :

   _____

   a) Cut out the hoop. = Découpe le cerceau.

   _____

   b) Extend hoop and fold down side supports. = Déplie-le puis rabats les supports latéraux.

   _____

   c) Choose your flakes. = Choisis les flocons désirés.

   _____

5. Flakes for Fuel, Frosting for Fun! = Des flocons nourrissants, du givrage amusant!

   _____

   _____

C. Traduire les passages ci-dessous et répondre aux questions qui suivent. (50 pts)

1. « Lorsque je retournai au pays, n'ayant presque rien oublié de ce qu'enfant j'avais appris, j'eus le grand bonheur de rencontrer, sur mon long chemin, le vieux Amadou Koumba, le Griot de ma famille. » (Diop, *Les contes d'Amadou Koumba*, 1969)

   a) Traduire cette phrase : (3 pts)

   _____

   _____

   _____

   _____

   b) Expliquer pourquoi *un emprunt* s'impose dans la traduction anglaise. (1 pt)

   _____

2. « Mais le temps s'assombrit tout de suite; une goutte de pluie tomba sur un cahier, nous rentrâmes en hâte. » (Alain-Fournier, *Le grand Meaulnes*, 1971)

   a) Traduire cette phrase : (3 pts)

   _____

   _____

   b) Laquelle des trois propositions avez-vous pu traduire directement? (1 pt) (*traduction littérale*)

   _____

   c) Laquelle des trois propositions se traduit à l'aide d'un *chassé-croisé*? Expliquer. (2 pts)

   _____

   _____

   d) Quelle proposition se traduit à l'aide d'une *modulation*? Expliquer. (2 pts)

   _____

   _____

3. « [...] nous aperçûmes, là-bas, Augustin qui fermait les volets de la maison et nous fûmes frappés par l'étrangeté de son allure. » (Alain-Fournier, *Le grand Meaulnes*, 1971)

a) Traduire cette phrase à l'aide de *deux transpositions*. (2 pts)

_____

_____

_____

b) Expliquer clairement ces transpositions. (2 pts)

_____

_____

_____

4. « Le surlendemain eurent lieu les funérailles d'Onofria à la chapelle Sixte toute tendue de blanc où s'entassaient des montagnes de fleurs arrivées de France par avion. » (Maryse Condé, *Les belles ténébreuses*, 2008)
(**Note :** *Onofria* est le nom d'un personnage du roman; *Sixte* est le nom de la chapelle.)

a) Proposez une traduction anglaise pour cette phrase en effectuant un *chassé-croisé*. (5 pts) Expliquez clairement ce *chassé-croisé*. (1 pt)

_____

_____

_____

_____

b) Qu'est-ce qui indique, sur le plan morphosyntaxique, le style littéraire du TD ? (2 pts)

_____

_____

5. « Pendant plus de trois cents jours, des plages de Débarquement jusqu'à Berlin en ruine, le GI Tony Vaccaro n'a jamais cessé de se battre et de photographier. Ses 8 000 clichés, dont certains sont restés célèbres, racontent une histoire intime de la Libération. Aujourd'hui âgé de 92 ans, il se souvient... » (Sous-titre de l'article de Hofstein, « 8 mai 1945 – Les chemins de liberté », *Le Figaro Magazine* 15/09/2015, p. 35)

a) Traduire ce passage en anglais. (5 pts)

_____

_____

_____

_____

b) Identifier dans le TD un style caractéristique de la presse de langue française. (1 pt)

_____

_____

6. « Programs with a spellchecker highlight as you type them any words that aren't in the dictionary. This makes it easy to correct misspellings as you go along. » (adapté de Scarpa, p. 205)

a) Traduire ce passage en français. (5 pts)

_____

_____

_____

_____

b) Identifier *au moins deux* stratégies que vous avez utilisées pour traduire cet extrait. (2 pts)

_____

_____

7. « Ivernia wanted to throw up her hands and say that she might as well just off herself right now, because she would not go into some assisted living facility to sit with drooling, senile people in an airless lobby while musically challenged nine-year-olds showed up to play Christmas songs on ten-dollar recorders. » (Lawrence Hill, *The Illegal*, p. 178)

(Un peu de contexte : Ivernia est une vieille dame qui habite seule depuis la mort de son mari. Son fils voudrait la placer dans une maison pour aînés, mais Ivernia n'est pas d'accord…)

a) Traduire ce passage en français. (10 points)

_____

_____

_____

_____

_____

_____

_____

_____

_____

b) Décrire *le contenu stylistique* du TD. Comment avez-vous tenté de le respecter? (3 pts)

_____

_____

_____

_____

_____

D. Proposer la meilleure traduction possible pour dix (10) des expressions suivantes. (10 pts)

1. Passengers to Paris = _____

2. He's MIA. = _____

3. Let sleeping dogs lie. = _____

4. I dunno. = _____

5. He's a real Scrooge! = _____

6. Traffic moving well = _____

7. Mrs. What's-her-name = _____

8. Quack quack! = _____

9. Heads or tails? = _____

10. That's a drag. = _____

11. Flying planes can be dangerous. = _____

12. Keep up the good work! = _____

GRAMMAIRE COMPARÉE

Dans cette rubrique, nous ciblons certaines difficultés d'ordre linguistique rencontrées au cours des Parties I à IV.

A. Les articles

Lors du passage de l'anglais au français, ou vice versa, le traducteur se doit de porter une attention particulière au traitement des *articles*, même dans un texte relativement simple. À la différence du français, le nom commun est couramment utilisé sans article en anglais.

1. En français, on utilise l'article défini lorsque le sens est absolu ou défini :

J'aime la soupe (sens général). *Je n'aime pas la soupe qu'elle a faite* (sens défini).

Par contraste, en anglais, l'article défini signale un sens... défini; on omet l'article lorsque le nom est employé au sens général :

I like _ soup, but I don't like the soup she made.

- sens général : *_ Students hate _ exams* = *Les étudiants détestent les examens.*
- sens défini : *The students hate the exams* (in this program). = *Les étudiants détestent les examens* (dans ce programme).

2. Pareillement, l'article partitif, obligatoire en français, est souvent omis en anglais :

- *Elle met <u>du</u> basilic et <u>de l'</u>ail dans sa soupe. = She puts _ basil and _ garlic in her soup.*
- *J'ai oublié d'acheter <u>du</u> lait. = I forgot to buy _ milk.*
- *Ce matin, j'ai pris <u>du</u> jus d'orange, <u>du</u> thé avec <u>du</u> lait et <u>des</u> toasts avec <u>de la</u> marmelade. = This morning I had _ orange juice, _ tea with _ milk, and _ toast with _ marmalade.*

3. En français, on utilise normalement l'article défini avec les parties du corps, là où l'anglais préfère le déterminant possessif. Par exemple :

- *Je sais le faire <u>les</u> yeux fermés. = I can do it with <u>my</u> eyes closed.*
- *Tu as <u>les</u> mains froides. = <u>Your</u> hands are cold.*
  (ou bien, sans article : *You have _ cold hands.*)
- *Nous avions très mal <u>au</u> dos. = <u>Our</u> backs were aching.*
- *Il s'est coupé <u>au</u> menton en se rasant. = He cut <u>his</u> chin while shaving.*

Note : Lorsque la partie du corps est qualifiée, on utilise le déterminant possessif en français : *Il a mal <u>aux</u> yeux.* (*His eyes hurt.*) MAIS : *Il a mal à <u>son</u> œil gauche.* (*His left eye hurts.*) Le déterminant possessif est employé pour éviter toute ambiguïté (par ex., en début de phrase) :

- *Il s'est coupé <u>au</u> menton.* MAIS : <u>Son</u> menton est coupé.*

Mise en pratique

Traduisez en français le passage suivant. (Attention aux articles!)

Many birds' eggs are edible, but an egg for the cook is typically a hen's egg, unless otherwise specified. The egg comes perfectly packaged in its shell, and despite what most people think, the colour of the shell is no indicator of the quality of its contents. Brown eggs are no better than white. Colour of shell varies with breed of hen, and the hen's diet influences the colour of the yolk. (McLagan, « Eggs », p. 50)

_____

_____

_____

_____

_____

B. L'infinitif ou l'impératif?

Dans un texte français, lorsqu'on s'adresse à un public inconnu, l'infinitif présent est utilisé comme une forme d'*impératif impersonnel*. En anglais, cet usage de l'infinitif n'existe pas; on s'adresse directement à son lectorat anonyme à l'aide de l'impératif :

- *Complete the following sentences. = Compléter les phrases suivantes.*
- *Do not swallow. = Ne pas avaler.*
- *Keep out of reach of children. = Garder hors de la portée des enfants.*
- *Store at room temperature. = Conserver à la température ambiante.*
- *Apply daily. = Appliquer tous les jours.*
- *Learn more about our products at... = Pour en savoir plus sur nos produits, consulter...*

Parfois, l'anglais préfère une tournure déclarative (surtout à la voix passive) :

This space is for official use only. = Ne rien mettre dans cette case.
This medication should not be taken on an empty stomach. = À prendre après les repas.

L'utilisation de l'infinitif dans des avis et d'autres types de consignes témoigne de la nature plus formelle et impersonnelle du français. Cela dit, dans les instructions, les modes d'emploi, les recettes, il est également possible de choisir un style plus personnel en adoptant la forme 2e personne du pluriel de l'impératif (*-ez*). Un survol des livres de recettes en France révèle que de nombreux auteurs préfèrent cette forme à l'utilisation de l'infinitif – l'inverse semble être le cas au Québec. Dans des textes publicitaires (partout dans la francophonie), l'impératif s'avère la forme privilégiée; dans de tels cas, l'impératif anglais (*Come..., See..., Buy..., Subscribe..., Reserve now...,* etc.) se traduit donc directement (*Venez..., Regardez..., Achetez..., Abonnez-vous..., Réservez votre place dès maintenant,* etc.).

Signalons que la forme impérative à la 2e personne du singulier (la forme *tu*) convient pour s'adresser à des enfants ou à des adolescents. C'est le cas, par exemple, sur de nombreuses boîtes de céréales (*Collect..., Cut out..., Send...* = *Collectionne...,* *Découpe..., Envoie...*) et dans un site web comme <u>alloprof.qc.ca</u>, *Allô prof* (aide aux devoirs gratuite), qui accueille ainsi le jeune lecteur : « Tu as une question? Clique ici et fais une recherche! »

Note : D'autres structures en français permettent d'éviter le type *appel direct* privilégié par l'anglais, notamment l'utilisation du pronom *on* (a) et des expressions commençant par le « *il* impersonnel » (b). (Il s'agit de stratégies de dépersonnalisation.)

a) *See you at breakfast!* (sur un produit Kellogg's^MC) = *On se retrouve au petit déjeuner!*
   Come and get it! = *On dîne!* (ou : *C'est servi! / À table!*)
b) *Allow to cool before serving.* = *Il faut laisser refroidir avant de servir.*
   Follow these easy steps. = *Il suffit de suivre ces étapes faciles.*

C. Le présent

1. Le présent français peut se traduire en anglais par le *present* (a) ou par le *present progressive* (b) :

a) Je parle français (une vérité) = I *speak* French.
b) Je parle français (en ce moment) = I *am speaking* French.

Le *present perfect* (c) et le *present perfect progressive* (d) sont employés pour traduire le présent suivant la préposition *depuis* :

c) Je parle français depuis 1975. = I *have spoken* French since 1975.
d) Je parle français depuis quarante ans. = I *have been speaking* French for forty years.

Notez également l'utilisation du *present perfect* avec l'expression « the first/second... time » :

C'est la première fois que tu *vois* ce film? = Is this the first time you'*ve seen* this movie?

2. Le présent historique (temps du récit)

On utilise ce temps dans une narration afin de rendre un événement passé plus vivant, plus dramatique. En anglais, cette fonction du présent se limite normalement au style parlé :

a) Style parlé : le présent historique en français et en anglais

- Alors, hier soir, j'*arrive* chez moi et qu'est-ce que je *vois*?
  = So, last night, I *get* home, and what do I *see*?
- Puis à la fin du film elle l'*embrasse* et il *s'en va*!
  = Then at the end of the movie she *kisses* him, and he *leaves*!

b) Style écrit : le présent historique en français traduit par le *prétérit* (*past*) en anglais

- La guerre *éclate* en 1914.
  = War *broke out* in 1914.
- Né à Paris en 1622, Molière *vient* d'une famille bourgeoise.
  = Born in Paris in 1622, Molière *came* from a middle-class family.
- Trois personnes *survivent* à l'explosion.
  = Three people *survived* the explosion.
- En 1847, Longfellow *publie* son œuvre la plus célèbre, *Evangeline*.
  = In 1847, Longfellow *published* his most famous poem, *Evangeline*.

Note : Dans les manchettes de la presse (anglaise et française) le présent est couramment utilisé :

- Ontario *Passes* Climate Change Bill
  = L'Ontario *adopte* une loi sur le changement climatique
- Woman *Gives* Birth in Subway
  = Une femme *accouche* dans le métro
- Jays *Win* It!
  = Les Blue Jays *remportent* la victoire!

Grammaire comparée

D. Le conditionnel

1. **En anglais et en français, l'utilisation du conditionnel caractérise la politesse (exemples a et b) ou exprime une éventualité, une hypothèse (exemples c et d) :**

 a) *Would* you *mind* not smoking? = Est-ce que cela vous *dérangerait* de ne pas fumer?
 b) *Could* you please *help* me with my bags? = *Pourriez*-vous m'aider avec mes valises?
 c) If I could, I *would leave* for Paris today. = Si je pouvais, je *partirais* pour Paris aujourd'hui.
 d) You *could exercise* more often; it *would help* you manage stress and stay healthy. = Vous *pourriez faire* plus d'exercice; cela vous *aiderait* à gérer le stress et à rester en santé.

 Important : Il ne faut pas confondre les utilisations *conditionnel* (e) et *passé* (f et g) de WOULD et COULD! Comparez :

 e) *Would you please* be quiet? (se traduit par le conditionnel de politesse, *Pourriez-vous...*);
 f) When he was young, *he would practise* piano every day. (action habituelle au passé qui se traduit par l'imparfait, *s'exerçait*);
 g) He *wouldn't help* me (sens ponctuel se traduit par le passé composé, *n'a pas voulu*).

De la même manière, la modalité COULD peut signaler soit le conditionnel (= *would be able to*, exemple h), soit le passé (= *was/were able to*); dans ce cas, il est rendu en français par l'imparfait (i) ou, si le verbe est au négatif et le sens est ponctuel, par le passé composé (j). Par exemple :

 h) *Perhaps I could help you.* = *Je pourrais peut-être vous aider.*
 i) *He thought I could help him.* = *Il croyait que je pouvais l'aider.*
 j) *I couldn't help him.* = *Je n'ai pas pu l'aider.*

Soulignons que, dans le cas des verbes de perception, le sens de la modalité COULD est souvent implicite en français :

We couldn't see the lighthouse from the beach, but we could hear the foghorn.
= Nous ne voyions pas le phare depuis la plage, mais nous entendions la sirène du

bateau. (Il en est de même pour la modalité CAN : *I can't see a thing without my glasses. = Je ne vois rien sans mes lunettes.*)

2. À la différence de l'anglais, le français a recours au conditionnel pour rapporter des faits qui n'ont pas encore été confirmés ou qui semblent douteux. Cette utilisation du conditionnel est courante dans un style journalistique :

- D'après les statistiques, le taux d'échec *serait* de 10 %, mais il est probablement plus élevé.
- Selon la police, la victime *aurait subi* de graves blessures et *serait morte* sur la scène de l'accident.
- Des traces de plomb ont été découvertes dans le réseau d'eau potable de la ville, et plus de 10 000 personnes *auraient* déjà *été contaminées.*

Dans ces cas, il ne faut pas traduire par le conditionnel anglais, mais plutôt par le présent ou par le passé (par ex., *serait = is, aurait subi = suffered, serait morte = died, auraient été contaminées = have been contaminated*). Parfois, la nuance du conditionnel français se traduit par l'ajout d'un adverbe comme *allegedly*, ou encore par la tournure *it is believed that.* Un verbe comme *to claim* s'avère aussi utile dans certains contextes :

- Le suspect *aurait découvert* par hasard le cadavre de son patron dans le coffre de sa voiture. = The suspect *claims* he accidentally found his boss's dead body in the trunk of his car.

E. Traduire le *-ing* anglais

1. Le participe présent (ou le gérondif : *en* + participe présent) est utilisé en anglais et en français pour décrire une simultanéité de deux actions :

We wrote to him *hoping* for an answer. = Nous lui avons écrit *espérant* une réponse.
She cut herself *while washing* the glasses. = Elle s'est coupée *en lavant* les verres.
I tried to help *by looking* after the dog. = J'ai essayé d'aider *en m'occupant* du chien.

2. Le participe présent (en anglais) se traduit souvent par un nom français (par nominalisation) :

Smiling, she handed the keys back to him. = Elle lui á rendu les clés *avec un sourire.*

I enjoy *running* and *swimming*. = J'aime *la course* et *la natation*.

3. Lorsque la forme *-ing* exprime un résultat, elle peut se traduire par une proposition relative :

Camels cross the highway, *amusing* tourists but *creating* traffic jams.
= Des dromadaires traversent l'autoroute, *ce qui amuse* les touristes mais *crée* des embouteillages.

4. Très souvent, le *-ing* anglais se traduit par l'infinitif français :

Seeing is *believing*. = *Voir*, c'est *croire*.
He doesn't like *living* alone. = Il n'aime pas *vivre* seul.

Note : « Langue populaire », l'anglais a tendance à simplifier la syntaxe et permet l'utilisation du participe présent là où le français exige l'infinitif passé :

He got a penalty for *tripping* and another for *hooking*. = Il a eu une punition pour *avoir trébuché* et une autre pour *avoir accroché*.

L'infinitif passé est obligatoire suivant la préposition *après* : *après <u>avoir mangé</u>* = *after <u>eating</u>*; *après <u>avoir lu</u>* = *after <u>reading</u>*; *après <u>avoir fini</u>* = *after <u>finishing</u>*; *après <u>être allé</u>* = *after <u>going</u>*; *après <u>s'être habillé</u>* = *after <u>getting</u> dressed*, etc.

Mise en pratique
Identifiez les différentes stratégies pour traduire la forme *-ing*.
(extraits du magazine *En Route*, octobre 2016)

a) Banking and lending services = Services bancaires et financement (p. 21)
b) Resounding words = Des mots qui sonnent (p. 23)
c) Competing on the world stage = En compétition sur la scène mondiale (p. 25)
d) Working out travel expenses... = La gestion des dépenses de déplacement (p. 103)
e) Checking in from home = Enregistrement maison (p. 114)
f) Rolling luggage = Des bagages à roulettes (p. 114)
g) Making a case for the two-wheel bag = En faveur de la valise à deux roues (p. 115)
h) Choosing the right bag for a family trip = Choisir le bon sac pour un voyage en famille (p. 122)

F. Les structures résultatives

Comme nous l'avons vu dans la section sur le *chassé-croisé* (Partie II-D.2), il faut opérer une double transposition en français pour traduire les structures anglaises du type *verbe + particule* décrivant, de façon souvent imagée, la manière d'accomplir une action. Le verbe, exprimant la manière, devient adverbe ou locution prépositionnelle en français, et la particule (il s'agit d'une préposition si elle est suivie d'un nom) devient le verbe en français : *to tiptoe in* (entrer sur la pointe des pieds), *to swim across* (traverser à la nage), *to crawl out* (sortir à quatre pattes), etc. L'anglais permet d'autres structures où le verbe, exprimant une cause ou une manière, est suivi d'un adjectif ou d'un infinitif exprimant le résultat. Ces types de structures, dites *causatives* ou *résultatives*, exigent toujours une traduction oblique en français (souvent un *chassé-croisé*) et un *étoffement*.

Exemples :
- The cat *licked* the bowl <u>clean</u>. = Le chat <u>a nettoyé</u> le bol *à coups de langue*.
- You'll *worry* yourself <u>sick</u>. = Tu vas te <u>rendre malade</u> *à force de t'inquiéter*.
- He'll *drink* himself <u>to death</u>. = Il va <u>se tuer</u> *à force de boire*.
- She was *stabbed* <u>to death</u>. = Elle a <u>été tuée</u> / On l'<u>a tuée</u> *à coups de couteau*.
- They were *burnt* <u>to death</u>. = Ils <u>sont morts</u> *carbonisés*.
- She *nursed* him back <u>to health</u>. = Il <u>a guéri</u> *grâce à ses soins*.
- I *rocked* my grandson <u>to sleep</u>. = J'ai <u>endormi</u> mon petit-fils *en le berçant*.

Exemples tirés de Delisle (p. 298 et p. 302) :

Saddam Hussein *purged his way* <u>to power</u>. = Saddam Hussein <u>s'est hissé au pouvoir</u> *en procédant à des purges*.

She *danced her way* <u>into the hearts</u> of the spectators. = Elle <u>conquit le cœur</u> des spectateurs *en dansant avec brio*.

G. Le *faire* causatif

Le *faire* causatif (verbe *faire* conjugué + infinitif) se traduit en anglais soit par la structure *to make / have something DONE* (past participle) *by someone* (exemples a, b, c), soit par la structure *to make / have someone DO* (infinitif) *something* (d, e, f) :

a) I had the car repaired by a mechanic. = J'ai fait réparer la voiture par un mécanicien.

b) She has her hair styled by Serge. = Elle se fait faire les cheveux par Serge.

c) We'll have the lawn mowed by Charlie. = Nous ferons tondre la pelouse par Charlie.

d) You should have your friends help you. = Tu devrais te faire aider par tes amis.

e) He had the class recite this poem. = Il a fait réciter ce poème par les/aux* étudiants.

f) Make him do the dishes. = Faites-lui/Fais-lui faire la vaisselle.

   (* faire faire *à* qqn)

Note : Il est souvent possible d'utiliser la préposition *à* au lieu de *par*, mais cela peut entraîner une ambiguïté :

Il a fait lire cette histoire *à Julie.*
= He had Julie read this story (*Il l'a fait lire par Julie*).
OU : He had this story read to Julie (*lue par qqn d'autre*).

Signalons que de nombreux verbes transitifs anglais portent le sens de causalité exprimée par cette construction *faire causatif* du français (les verbes équivalents en français étant intransitifs) :

- Bake for 10 minutes. = Faire cuire / Faites cuire pendant 10 minutes.
- She roasted the meat for an hour. = Elle a fait rôtir la viande pendant une heure.
- I'll fry the eggs last. = Je ferai frire les œufs en dernier.
- You must boil the water first. = Il faut d'abord faire bouillir l'eau.
- I cooked it for too long. = Je l'ai fait cuire trop longtemps.

Allègre (p. 48-52) en fournit d'autres exemples tirés du roman de Steinbeck, *The Grapes of Wrath* (1939) :

- Al skims the plate down the counter = Al fait glisser l'assiette le long du comptoir;
- The last rains lifted the corn = Les dernières pluies firent lever le maïs;
- Look at him swing his partner = Comme il faisait voltiger sa cavalière.

H. Traduire le passif anglais

1. Le passif est beaucoup plus rare en français qu'en anglais (sauf dans un texte technique). Il est seulement possible si le verbe français est **transitif** et peut être suivi d'un objet **direct** :

- The factory *will be demolished*. = L'usine *sera démolie**.
- The samples *were analysed*. = Les échantillons *ont été analysés**.
  (* accord du participe passé!)

Les structures anglaises comme *to be told / given / offered / advised / permitted / forbidden*, etc. constituent donc des cas de passif impossible en français, car ce sont des verbes transitifs indirects (*dire / donner / offrir / conseiller / permettre / interdire* qqch. [COD] à qqn [COI]).

2. Le français a une prédilection pour la voix active. Si l'agent n'est pas présent, le pronom *on* remplit cette fonction; parfois, le pronom *nous* (le *nous d'auteur*) agit également comme agent.

- *He was supported* by his coworkers. = Ses collègues (agent) *l'ont soutenu*.
- *It can be described* this way... = *On peut le définir* ainsi... (*On* + l'actif)
  (Le passif est possible ici – *définir* prend un COD –, mais c'est moins idiomatique.)
- *I was allowed* to visit the gardens. = *On m'a permis* de visiter les jardins.
  (*On* + l'actif; le passif est impossible.)
- The following *have been omitted*. = *Nous avons écarté* les variables suivantes.

3. On peut également traduire le passif anglais à l'aide des structures suivantes :
   a) Un verbe impersonnel :
      - More bilingual teachers *are needed*. = *Il faut* plus d'enseignants bilingues.
   b) Une nominalisation :
      - Before this museum *was built*... = Avant *la construction* de ce musée...
   c) Le verbe *se faire* + l'infinitif :
      - *She was robbed* of all her money. = *Elle s'est fait voler* tout son argent.
   d) La voix pronominale (qui n'existe pas en anglais) :
      - *She was saddened* by* the number of starving children.
        = *Elle s'attrista* de voir* le nombre d'enfants affamés.
        (* cas d'étoffement)

Grammaire comparée

Mise en pratique

Traduisez en français suivant les consignes.

1. Your order will be delivered before the end of the week. (*passif possible*)

   _____

2. We were advised to leave our luggage at the front desk. (*passif impossible*)

   _____

3. Before email was invented, the telephone was used much more frequently as a means of communication. (*nominalisation, on + l'actif*)

   _____

4. More scholarships are needed for second and third-year students. (*verbe impersonnel*)

   _____

5. The following passage has been translated for our readers. (*le nous d'auteur*)

   _____

6. He was expelled from school. (*se faire + infinitif*)

   _____

7. Gazpacho soup is eaten cold. (*voix pronominale*)

   _____

8. Young children are often frightened by loud noises. (*agent + actif*)

   _____

Grammaire comparée

I. Les prépositions

1. **Les prépositions posent de véritables ennuis aux traducteurs comme aux étudiants. Signalons ici :**

   a) L'omission de l'article français après les prépositions *sans*, *avec*, *par* (si le nom n'est pas déterminé) : *sans chapeau, sans sucre, par hasard, par miracle, avec patience, avec tendresse*, etc. (Par contre : avec *une* patience/*une* tendresse infinie, avec *une* perspicacité remarquable...)

   b) La répétition obligatoire de la préposition en français : *surrounded by women and _ children = entouré de femmes et d'enfants.*

   c) L'étoffement de la préposition française (l'ajout d'un nom, d'une proposition relative, d'un participe passé) : *To* the trains = <u>Accès</u> *aux* trains; a path *to* the beach = un chemin <u>qui mène</u> à la plage; students *from* all over the world = des étudiants <u>venus</u> de partout au monde.

   Notez aussi l'ajout de la préposition *à* pour exprimer des distances :
   *It's two minutes away = C'est **à** deux minutes d'ici.*

2. **Attention aux anglicismes!**

   a) Attention : la préposition **ON** ne se traduit pas toujours par la préposition **SUR!**
   - **on** the phone / computer / radio / TV = **au** téléphone / **à** l'ordinateur / **à** la radio / **à** la télé
   - **on** the bus / train / plane / boat = **dans** l'autobus / le train / l'avion / le bateau
   - to be / sit **on** a committee = siéger **à** un comité; ou : être membre / faire partie **d**'un comité
   - **on** time / **on** foot / **on** sale / **on** average = **à** l'heure / **à** pied / **en** solde / **en** moyenne
   - **on** Monday = _ lundi; **on** Mondays = _ le lundi
   - to live **on** a street... = habiter (**dans**) une rue...
   - to depend **on**... = dépendre **de**...

   Que traduit donc la préposition **SUR**? Astington résume ainsi (1980, p.160-161) :
   - *off* : Take the newspapers *off* the table = ramasser les journaux *sur* la table;
   - *about* : I asked him *about* his motives = Je l'ai interrogé *sur* ses motifs;

LA TRADUCTION

- *out of* : Nineteen *out of* twenty = dix-neuf *sur* vingt; one *out of* four = un *sur* quatre;
- *by* (des mesures) : Six *by* four meters = six mètres *sur* quatre;
- *over* : The bridge *over* the river = le pont *sur* la rivière;
- *after* (répétition) : To smoke one cigarette *after* another = fumer cigarette *sur* cigarette.

> ***Note :*** *Ajoutons à cette liste une utilisation qui est courante en France pour dire* in the area of *(dans les environs de) : Elle travaille **sur** Paris. Il cherche un logement **sur** Rennes. En France, l'on entend également : Son magasin / restaurant / logement se trouve **dans** Paris. Mais il est également possible de dire **à** Paris; c'est d'ailleurs la forme préférée au Canada.*

Voici les principaux sens de la préposition **SUR** en français (Bertrand, p. 174) :
- *en haut de* : *sur* la colline, *sur* le toit
- *en surface* : *sur* le bout de la langue, *sur* l'eau
- *au sujet de* : un livre *sur* la guerre, la loi *sur* la radiodiffusion
- *d'après* : juger *sur* les apparences
- *par rapport* : cinq personnes *sur* dix
- *immédiatement après* : pris *sur* le fait
- *vers le moment de* : *sur* le départ, *sur* le déclin

b) Attention : la préposition **IN** ne se traduit pas toujours par la préposition **DANS**!
- To be interested **in** / participate **in** / register **in** = s'intéresser / participer / s'inscrire **à**
- **in** + people = **chez** (... un enfant / des gens de cet âge)
- one **in** ten (proportion) = un **sur** dix
- To do it **in** two hours (*when?*) = **dans** deux heures
- To do it **in** two hours (*how long?*) = **en** deux heures

c) Attention : la préposition **FOR** ne se traduit pas toujours par la préposition **POUR**!
- I have / had been working **for** a year. = Je travaille / travaillais **depuis** un an.
- I worked **for** a year. = J'ai travaillé **pendant** un an. (*pendant + passé composé*)
- To ask **for** / look **for** sthg = demander / chercher _ qqch. (sans préposition)
- To be responsible **for**... = être responsable **de**...

Grammaire comparée

d) Attention : la préposition **BY** ne se traduit pas toujours par la préposition **PAR**!
- **by** bus / car / taxi / train = **en** autobus / voiture / taxi / train
- **by** moonlight = **à** la clarté de la lune
- **by** hand = **à** la main
- a play **by** Molière, a poem **by** Prévert = une pièce **de** Molière, un poème **de** Prévert

Et **PAR** ne se traduit pas toujours par **BY**!

- **par** amitié / curiosité / méchanceté = **out of** friendship / curiosity / meanness
- **par** une journée chaude / ensoleillée = **on** a hot / sunny day
- **par** un temps pluvieux = **in** rainy weather

e) Attention à bien distinguer la valeur spatiale (*in front of*) et la valeur temporelle (*prior to*) de la préposition **BEFORE** :
- I signed the contract **before** two witnesses. = J'ai signé le contrat **devant** deux témoins.
- I signed the contract **before** the meeting. = J'ai signé le contrat **avant** la réunion.

« Tout comme une préposition peut exprimer différents rapports, un même rapport peut être exprimé par différentes prépositions.

Le temps, par exemple, peut s'exprimer par : *avant, après, dès, depuis, jusqu'à, en attendant, pendant, durant*, etc.

La cause peut, elle aussi, s'exprimer par diverses prépositions : *à cause de, en raison de, vu, attendu, étant donné*, etc.

Le but s'exprime par : *en vue de, dans l'intention de, dans le but de, pour, afin de*, etc. »

(Extrait du site Termium Plus® : www.btb.termiumplus.gc.ca)

J. Le *and* passe-partout

Contrairement à ce que nous laisserait croire le dictionnaire bilingue typique, la conjonction de coordination anglaise *and* ne se traduit pas toujours par la conjonction *et* du français! Rappelons la prédilection de l'anglais pour la coordination et celle du français pour la subordination (Partie I-D.3). En effet, le rapport de coordination suggéré par *and* peut s'exprimer plus logiquement en français par l'adverbe *puis*, qui indique une succession dans le temps, par *avant* (antériorité) ou encore par un rapport de cause à effet...

Considérons les exemples suivants (extraits de Delisle, p. 431) :

- Take off your boots **and** walk in. = Veuillez enlever vos bottes *avant d'*entrer.
- Read the text **and** translate it. = Lire le texte *avant de* le traduire.
- Buy **and** save. = Acheter *tout en faisant* des économies.
- Write **and** get our brochure. = Écrivez *pour* obtenir notre brochure.

K. Les temps du passé

Les quatre traductions principales du prétérit anglais sont les suivantes :

1. **le passé simple** (temps du récit réservé surtout au texte littéraire), par exemple :
   - They *left* Paris in 1942. = Ils *quittèrent* Paris en 1942.

2. **le passé composé** (temps du récit à l'oral ou à l'écrit), par exemple :
   - She *published* her second novel last year. = Elle *a publié* son deuxième roman l'année dernière.

3. **l'imparfait** (actions habituelles, répétitives; utilisé aussi dans le discours indirect et dans les « phrases SI ») :
   - I *sent* them a card every year. = Je leur *envoyais* une carte chaque année.
   - He said *he preferred* to drive. = Il a dit qu'il *préférait* conduire.
   - If we *wanted* to leave, we would. = Si nous *voulions* partir, nous le ferions.

4. **le présent historique** :
   - Mozart *died* at age 35. = Mozart *meurt* à l'âge de 35 ans.

   Note : Plusieurs romanciers contemporains choisissent ce temps pour raconter leur récit.

Précisons ici la fonction des *quatre temps du passé* utilisés couramment dans un récit littéraire en français :

1. *le passé simple* : temps littéraire utilisé pour décrire des actions ponctuelles, de durée déterminée, en les situant dans un passé lointain, détaché du moment présent;
2. *le passé composé* : décrit des actions ponctuelles, de durée déterminée; utilisé dans des dialogues (pour marquer l'oralité) et, dans de nombreux romans contemporains, dans la narration elle-même;
3. *l'imparfait* : décrit un état, une condition, une action habituelle, répétée, une action de durée indéterminée, une action qui est interrompue par une autre;
4. *le plus-que-parfait* : marque une antériorité par rapport au moment de la narration.

Exemple (extrait de Poulin, 2006, p. 77) :

Chaque fois que je ne me sentais[3] pas bien, monsieur Waterman arrivait[3] à me réconforter d'une manière indirecte, l'air de rien, sans même demander ce qui n'allait[3] pas.

— As-tu lu[2] ça? fit-il[1] en se redressant sur sa chaise longue. Il me montrait[3] un livre intitulé *Dialogue sur la traduction*. Je l'avais lu[4] à l'époque où j'étais[3] étudiante : c'était[3] un échange de lettres entre Anne Hébert et une personne qui avait traduit[4] en anglais son poème célèbre, *Le tombeau des rois*.

Je pris[1] le livre qu'il me tendait[3]. Le traducteur, lui-même poète, s'appelait[3] F.R. Scott. Le poème d'Anne Hébert était[3] grave et somptueux, et j'eus[1] le souffle coupé en lisant les premiers vers [...]

Mise en pratique : Lisez attentivement l'extrait ci-dessous. Justifiez le temps des verbes soulignés (1-12). Proposez ensuite une traduction pour chacun :

Bambi venait de naître[1]. La biche le léchait doucement, inlassablement. Le petit faon ne bougeait pas encore; il se laissait bercer par la caresse de sa mère[2].

Une vieille pie – qui avait connu bien des biches et vu naître bien des faons[3] – vint se poser près de la mère et regarda le nouveau-né : regarda le flanc droit, regarda le flanc gauche, la tête, l'arrière-train, les pattes et s'écria[4] :

— Il est beau comme un prince, robuste comme un prince[5]! Il sera prince de la forêt[6]!

Elle <u>criait</u>[7] si fort que Bambi <u>ouvrit</u>[8] les yeux. [...]

Mais il <u>sentit</u> la bonne chaleur de sa mère, et il <u>entendit</u> le chant des oiseaux[9].

De tous côtés, on <u>pépiait</u>, on <u>flûtait</u>, on <u>jacassait</u>[10] :

— Un prince nous <u>est né</u>! Un prince nous <u>est né</u>[11]!

Alors, Bambi <u>s'appuya</u> contre la biche, <u>rassembla</u> ses pattes, et s'aidant d'un gracieux balancement du cou, <u>se mit</u> debout[12]. »

(DES GOUTTES, *Album de Bambi*, p. 1)

Réponses :

1. _____

2. _____

3. _____

4. _____

5. _____

6. _____

7. _____

8. _____

9. _____

10. _____

11. _____

12. _____

Grammaire comparée

L. Considérations d'ordre typographique

1. Majuscules ou minuscules?

L'utilisation de la lettre majuscule est nettement plus répandue en anglais qu'en français. Attention surtout aux différences suivantes :

a) les adjectifs de nationalité, les langues, les religions :
  - She's Canadian; she speaks French and English.
    = Elle est <u>c</u>anadienne; elle parle <u>f</u>rançais et <u>a</u>nglais.
  - They are Catholic / Protestant / Muslim / Jewish / Hindu / Buddhist...
    = Ils sont <u>c</u>atholiques / <u>p</u>rotestants / <u>m</u>usulmans / <u>j</u>uifs / <u>h</u>indous / <u>b</u>ouddhistes...

b) les jours de la semaine, les mois de l'année, les jours de fête :
  - We have class on <u>M</u>ondays from <u>S</u>eptember to <u>D</u>ecember, except for Labour <u>D</u>ay and Thanksgiving <u>D</u>ay. = Nous avons cours le <u>l</u>undi de <u>s</u>eptembre à <u>d</u>écembre, à l'exception de la <u>f</u>ête du Travail et du <u>c</u>ongé de l'Action de grâce.

c) les noms propres et les titres :
  - Comparez : Tate <u>M</u>useum, Central <u>P</u>ark, Brooklyn <u>B</u>ridge, Eaton's <u>C</u>enter... et le <u>m</u>usée du Louvre, le <u>p</u>arc La Fontaine, le <u>p</u>ont Jacques-Cartier, le <u>c</u>omplexe Desjardins...
  - Hemingway wrote *For Whom the Bell Tolls*, a novel about the Spanish Civil War. = Hemingway écrit *Pour <u>q</u>ui <u>s</u>onne le glas*, un roman sur la guerre <u>c</u>ivile <u>e</u>spagnole.
    (Mais si l'adjectif précède le nom : <u>P</u>remière/<u>D</u>euxième Guerre <u>m</u>ondiale.)

d) les noms géographiques :
  - Lake Huron, James Bay, Mount Everest, the Indian Ocean, Sunshine Street... = le <u>l</u>ac Huron, la <u>b</u>aie James, le <u>m</u>ont Everest, l'<u>o</u>céan Indien, <u>r</u>ue du Soleil...

2. La ponctuation

a) Attention surtout à la « traduction » de la virgule française :
  - 14, rue du Soleil = 14 _Sunshine Street (sans virgule)
  - 88,8 % = 88.8% (*le point* en anglais)
  - 52,50 $ = $52.50 (*le point* en anglais; remarquez aussi la position du signe du dollar)

Et de la virgule anglaise :
- 8,000 students = 8_000 étudiants (pas de ponctuation en français)
- I visited Paris, Bordeaux, and Rennes. = J'ai visité Paris, Bordeaux _ et Rennes.
- Today is July 26, 2016 = Nous sommes le 26 juillet 2016.

Note : La virgule est de mise en anglais devant la conjonction *and*; ce n'est pas toujours le cas en français devant *et*. Comme le précisent Guilloton et Cajolet-Laganière (p. 221) :

La virgule s'emploie devant les propositions coordonnées introduites par une conjonction de coordination telle que **mais** et **car**, à moins que ces propositions ne soient très brèves. [...] Par contre, on emploie rarement la virgule entre deux propositions coordonnées par **et, ou** ou **ou bien**, sauf s'il s'agit de sujets différents ou si la seconde proposition renforce la première, exprime une conséquence ou marque une opposition.

M. Meilleur organise la campagne et il espère que les médias la couvriront*.

M. Meilleur organise la campagne, et les médias devraient la couvrir.

Ce projet sera réalisé : nous en sommes certains, et nous ferons tout pour cela.

Ce projet sera réalisé cette année par notre équipe, ou il devra être confié à d'autres.

* En anglais : Mr. Best is organizing the campaign, and he hopes the media will cover it.

b) Attention à l'utilisation des guillemets et des tirets!
Le français utilise des guillemets français (« ») pour des citations directes et des guillemets anglais (" ") pour encadrer une citation à l'intérieur d'une citation. Comparez :

- Avant de distribuer l'examen final, la professeure a dit : « Vous avez très bien travaillé ce trimestre et je vous souhaite à toutes et à tous "Bonne chance"! »
  = Before handing out the exam, the professor said: "You have worked really hard this term and I wish each one of you 'Good luck'!"

Lorsqu'il s'agit d'un dialogue, le français utilise le tiret (—) chaque fois qu'il y a un changement de locuteur (voir la Partie III-2 : Les incises). Les tirets peuvent aussi s'utiliser à l'intérieur d'une phrase – comme dans cet exemple – pour mettre en valeur un mot ou un groupe de mots.

Attention aussi aux espaces! À la différence de l'anglais, le français utilise une espace *avant et après* le deux-points et le tiret.

3. Les abréviations

Les abréviations en français sont ponctuées par un point si le mot est coupé après les premières lettres (par ex., *janv.*, *fév.*, *merc.*, *trad.*, *litt.*, *prép.*, *conj.*), mais – à la différence de l'anglais – si les lettres sont supprimées à l'intérieur du mot, il n'y a pas de point après la lettre finale.

Comparez :

- Mr. and Mrs. Brown have an appointment with Dr. White.*
  = M. et Mme Lebrun ont rendez-vous avec le Dr Leblanc.
  (ou lettres en exposant : Mme et D^{r})

(* Le point est conforme à l'usage nord-américain; *Mr Mrs* et *Dr* est l'usage britannique.)

Notez également les abréviations pour *avenue* et *boulevard* en anglais et en français respectivement : Oak Ave. = av. du Chêne; University Blvd. = boul. de l'Université.

Grammaire comparée

GLOSSAIRE

Adaptation : Un procédé de traduction qui tient compte des réalités culturelles (parfois linguistiques) différentes entre les LD et LA ; le traducteur tente de trouver dans la LA un référent qui puisse remplir la même fonction que celui dans le TD.

Allitération : Un effet de style qui consiste à répéter la ou les consonnes initiales d'un mot dans les mots avoisinants. Exemple (Racine) : « Pour qui sont ces serpents qui sifflent sur vos têtes ? » Attention : ne pas confondre *allitération* et *onomatopée*. L'exemple donné constitue une *allitération*, mais son effet est aussi *onomatopéique*, puisqu'il suggère le bruit d'un serpent.

Amplification : Lorsqu'une traduction nécessite l'ajout d'éléments linguistiques dans le TA, on fait une *amplification*, un *étoffement*. (Contraire : *dépouillement*)

Antéposition : Le placement d'un élément syntaxique devant un autre dans un ordre inhabituel.

***Back translation* :** Traduire un TA dans la LD. (Normalement, le résultat sera bien différent du TD original !)

Bon usage : La norme linguistique acceptée comme étant « correcte » ; l'usage prescrit qui correspond aux conventions établies (par opposition aux codes non standards).

Calque : Une traduction (ou le procédé de traduction) qui imite la structure du terme ou de l'expression en LD ; par exemple, *vente de garage*, *ligne de piquetage* et *profilage racial* sont tous des exemples de calques de termes anglais (*garage sale*, *picket line*, *racial profiling*).

Code : Un ensemble de signes et de règles utilisés pour communiquer ; une variété linguistique parlée par un groupe de locuteurs donné.

Compensation : Devant l'impossibilité de traduire un effet de style, un effet d'humour ou une connotation quelconque existant dans le TD, le traducteur tente de reproduire à un endroit différent dans le TA un effet semblable, afin de respecter le ton de l'ensemble du texte à traduire.

Connotation : Un sens qui vient s'ajouter au sens original (dénotatif) d'un mot. Une connotation peut être méliorative (positive) ou péjorative (négative); elle peut également être culturelle.

Déictique : Qui sert à montrer, à désigner un *référent* pour le placer dans un contexte donné.

Dépersonnalisation : Une technique qui sert à rendre un message moins personnel en remplaçant un élément humain dans le TD par un élément inanimé dans le TA (par ex., *We have shown...* par *Les résultats démontrent...*) ou une adresse directe par une forme impersonnelle (*You must...* par *On doit...* ou *Il faut...*).

Dépouillement : Le contraire d'un *étoffement* (ou d'une *amplification*); il s'agit de traduire fidèlement en utilisant moins d'éléments linguistiques dans le TA que dans le TD.

Dialecte : Une variété linguistique parlée par les locuteurs d'une région géographique donnée. Soulignons qu'une *langue* n'est qu'un dialecte qui a réussi sur le plan sociopolitique.

Domestication : (terminologie de Venuti) La stratégie qui oriente le TA pour qu'il soit conforme à l'usage de la LA, quitte à perdre des informations du TD. On vise avant tout une traduction fidèle à la *langue cible*. (Contraire : *foreignization*)

Économie : Un *dépouillement*; traduire fidèlement en utilisant moins d'éléments linguistiques que dans le TD. (Contraire : *amplification*, *étoffement*)

Emprunt : Un mot ou syntagme adopté directement d'une autre langue; un procédé de traduction directe.

Équivalence : Traduire une expression figée en LD par l'expression qui s'utilise dans la même situation en LA.

Étoffement : Un ajout, une *amplification*; une traduction qui nécessite plus d'éléments linguistiques en LA qu'en LD. (Contraire : *dépouillement*, *économie*)

Euphémisme : L'expression indirecte, adoucie, d'une notion qui pourrait choquer ou offenser (par ex. : en France, l'interjection *Mince!* est un euphémisme pour *Merde!* Au Québec, *Câline!* est un euphémisme pour *Câlisse!*).

Foreignization : (terme de Venuti) La stratégie de traduction qui oriente le TA pour qu'il respecte le plus possible les informations du TD, quitte à rompre avec certaines conventions de la langue ou de la culture cible. On vise une fidélité à la *langue source*. (Contraire : *domestication*)

Généralisation : La traduction d'un terme spécialisé en LD par un terme plus général en LA; le passage du particulier au général; par exemple, le terme *fleuve* (dénotant un cours d'eau qui se jette dans la mer) se traduit par le mot général *river*. (Contraire : *spécialisation*)

Idiomatique : Qui correspond aux moyens d'expression et aux conventions d'une communauté linguistique donnée; une *traduction idiomatique* paraît naturelle en LA.

Interférence : Dans une situation de bilinguisme, lorsque deux langues sont en contact, les propriétés linguistiques de la langue dominante influencent celles de l'autre.

Jeu de mots : L'agencement de deux mots ou de deux expressions qui se ressemblent phonétiquement mais qui ont des sens différents; une manipulation de la langue qui se fait souvent pour amuser (fonction *ludique*).

Langue de départ (LD) : La *langue source*; par exemple, si on traduit un texte anglais en français, l'anglais est *la langue de départ*. (Contraire : *langue d'arrivée, langue cible*)

Langue d'arrivée (LA) : La *langue cible*; par exemple, si on traduit un texte anglais en français, le français est la *langue d'arrivée*. (Contraire : *langue de départ, langue source*)

Ludique : Qui relève du jeu, qui sert à amuser.

Métalinguistique : 1. Terme de Jakobson pour décrire une des fonctions du langage (c.-à-d. on utilise la langue pour parler de la langue); 2. « l'ensemble des rapports qui unissent les faits sociaux, culturels et psychologiques aux structures linguistiques » (Vinay et Darbelnet, p. 259).

Modulation : Un procédé de traduction oblique (indirecte) qui nécessite un changement de perspective; on met en valeur un aspect différent du message dans le TA que dans le TD.

Néologisme : Pour désigner un nouveau *référent*, une langue peut avoir recours à deux types de *néologismes* : 1. de sens – accorder une nouvelle dénotation à un mot qui existe déjà (par ex., *souris, virus*); 2. de forme – créer un nouveau terme (par ex., *courriel, pourriel*).

Neutralisation : Une traduction qui normalise (*neutralise*) en LA ce qui est marqué dans le TD; par exemple, traduire des traits dialectaux ou des mots argotiques, populaires, par des éléments de la langue courante, standard. La neutralisation aboutit presque toujours à une perte.

Nominalisation : Un type *de transposition* (changement de catégorie grammaticale); utiliser un substantif (un nom) pour traduire une unité en LD qui n'est pas un nom.

Omission : Le fait de ne pas traduire (par négligence) une unité de traduction du TD; une erreur de traduction qui aboutit à une *traduction infidèle*.

Onomatopée : Un mot qui suggère ou imite par sa forme phonique le son de l'objet dénommé.

Redondance : Une répétition; le fait de redonner une information qu'on a déjà fournie.

Référent : La réalité (concrète ou abstraite) à laquelle renvoie le signe linguistique.

Signe linguistique : Une notion saussurienne; le signe linguistique (« mot ») a une forme phonique et écrite (le *signifiant*) et une face sémantique, le sens (le *signifié*).

Sociolecte : La variété linguistique parlée par une couche sociale donnée (par ex., classe ouvrière, population estudiantine, etc.). Tout comme un *dialecte*, un sociolecte présente, sur les plans lexical, morphosyntaxique et phonétique, des traits caractéristiques qui s'écartent de la norme du *bon usage*.

Spécialisation : La traduction d'un terme général en LD se fait au moyen d'un terme plus spécialisé en LA (le passage du général au particulier). Par exemple, le mot anglais *diving* se traduit soit par *le plongeon*, soit par *la plongée* (c.-à-d. *sous-marine*); le mot français *échelle* peut désigner *a ladder* ou *a scale*. (Contraire : *généralisation*)

Texte de départ (TD) : Le texte à traduire (*texte source*, TS). (Contraire : *texte d'arrivée*)

Texte d'arrivée (TA) : Le texte traduit dans la LA (*texte cible*). (Contraire : *texte de départ*)

Ton : L'impression générale qui se dégage d'un texte; le ton peut être familier, humoristique, ironique, mélancolique, revendicateur, etc.

Traduction fidèle : Une traduction qui respecte le sens et le style du TD (par opposition à une *traduction infidèle*).

Traduction interlinéaire : Une traduction qui arrange les éléments linguistiques dans le même ordre que dans le TD.

Traductologie : L'étude (la science) des techniques, des mécanismes et des difficultés de l'activité de la traduction. (*translation studies*)

Transposition : Le procédé de traduction qui consiste à traduire un élément en changeant la partie de discours (par ex., un nom devient un verbe) sans que cela affecte le sens.

Troncation : L'abréviation d'un mot en supprimant les dernières lettres (par ex., laboratoire = labo, cinéma = ciné, etc.).

CORRIGÉ DES EXERCICES

Note : Il s'agit ici d'un corrigé *partiel*. Le corrigé de l'ensemble des exercices et des devoirs se trouve dans le *Cahier du maître* (document électronique). Les traductions proposées sont de l'auteure, sauf indication contraire.

Partie I

Exercice I.1

TD français; tournures qui ne sont pas idiomatiques : *Revisit live*, *in the heart of significant events*, *Make happy discoveries*, *12 years old and less*; la contraction *it's* est préférable à *it is...*

Exercice I.2

- a) Fabriqué en Turquie
- b) vernis à ongles
- c) sécuritaire pour les enfants
- d) l'athlétisme
- e) saucisse (à la) polonaise
- f) Détacher les articles avant la mise en vente
- g) raifort surgelé

Exercice 1.3

1. a) une meurtrissure;
   b) un fromage;
   c) une couleur;
   d) une bière (*Labatt's*).

2. connotations péjoratives (a-d) :
   a) conventionnel, coincé (*conservative, establishment*);
   b) « collabo », renvoie au gouvernement de Vichy en France pendant l'occupation allemande (Deuxième Guerre mondiale);
   c) utilisation normalement limitée aux animaux (**Note** : Ne jamais traduire MALE/FEMALE par MÂLE/FEMELLE, mais plutôt par HOMME/FEMME ou encore par : SEXE – M ou F (masculin ou féminin);
   d) équivalent de *Walmart* (connotation *cheap*);
   e) pote = *copain, ami*, mais a pris un sens particulier pendant la campagne anti-raciste des années 1980 en France (le slogan « Touche pas à mon pote »).

3. a) élision du pronom *tu* et utilisation du pronom *quoi*; Qu'est-ce que tu as fait? (neutre); Qu'as-tu fait? (plus soigné avec inversion).
   b) *Ça*; chute du *ne*; *bazar* (fam.); Cela ne m'étonne pas. C'est le désordre chez lui.
   c) élision du pronom *Il*; *Béhème* (fam.); Il s'est fait voler sa BMW.
   d) mise en relief du COD, *mômes* (fam.); élision du pronom *les*; J'emmène les enfants avec moi.
   e) mise en relief du sujet; troncation (*proprio* pour *propriétaire*), élision du pronom *il*; chute du *ne*; *plein de, fric, baraque* (familiers); Mon propriétaire gagne beaucoup d'argent, mais il ne fait jamais de réparations dans ce logement.

   Traductions possibles :
   a) Whaddya do last night?
   b) Doesn't surprise me. His place is a dump!
   c) His Beemer got stolen.
   d) I'm bringin' the kids with me.
   e) My landlord has tons of money, but he never fixes this place (this dive).

4. Le langage des enfants (pluriel *mouses*); adapté au lectorat tout en permettant la rime.

5. Une adaptation culturelle peut s'avérer nécessaire en respectant la valeur symbolique des couleurs dans la communauté ciblée.

Exercice 1.4

1. a) On s'attend à une hausse des taux d'intérêt ce trimestre. / On s'attend à ce que les taux d'intérêt augmentent ce trimestre.
   b) Les réfugiés sont logés très à l'étroit.
   c) Elle a coupé l'orange en quartiers.

2. Voici la version anglaise proposée par l'auteure Nancy Huston :
   a) "In the Marais district [...] Several of Andras's friends are expelled from the neighbourhood in this way [...] The Marais grows more civilized, more bourgeois and beautiful by the day, edging its poor out toward the city limits – and before long, into the suburbs." (p. 198)
   b) "The entire area is cordoned off; the streets are empty and deserted, the air leaden." (p. 105)
   c) "Instinctively, they avoid the streets around the Saint Lazare train station and the whole Left Bank." (p. 119)
   d) "As for Emil – pampered, coddled, and caressed by dozens of foreign hands and voices – he soon comes to be known from one end of the street to the other as the Prince de Sicile." (p. 140)
   e) "Wandering through the narrow streets of Charonne, a quarter they've never visited before, they stumble on the Place Saint Blaise." (p. 161)

Exercice 1.5

1. Ouais / Oui, je connais l'endroit. Nous nous sommes bien amusés là-bas l'été dernier. / Nous y avons passé de bons moments l'été dernier.
2. Ce tableau date de l'époque de Napoléon.
3. Si tu n'es pas / n'arrives pas à l'heure, j'essaierai de te garder une place.
4. La prochaine fois, on devrait se retrouver chez moi. /*se réunir* (si plusieurs) /*se rencontrer* (possible au Canada)
5. Si tu te rappelais / te souvenais de remettre les choses à leur place, tu gagnerais beaucoup de temps / ça te ferait gagner du temps.
6. Son frère fait de la prison* en Floride pour détournement de fonds. / *fait de la taule*
7. L'auteur(e) joue avec les notions traditionnelles de temps et d'espace / les notions temporelles et spatiales traditionnelles.

Exercice 1.6

1. Il est interdit de fumer dans les édifices publics au Canada.
2. Ses étudiants fumaient dehors au froid. (Ils devraient arrêter!)
3. Tout le monde sait que les cigarettes nuisent / le tabac nuit à la santé.

4. Le tabagisme demeure la cause de plusieurs morts précoces.
5. Il n'y a plus de sections fumeurs dans les restaurants.
6. Ses recherches enquêtent sur / examinent le comportement tabagique des jeunes Canadiennes.
7. Nous n'avons pas de preuves (tangibles), mais nous avons nos doutes. / mais tout ça nous semble suspect.

Exercice I.7
1. C'est une question très complexe.
2. Il a des problèmes avec ses parents.
3. Sa carrière politique est en cause.
4. N'en fais / faites pas une montagne.
5. L'article soulève plusieurs points nouveaux.
6. Le parti d'opposition est en désaccord avec la politique d'immigration du gouvernement.
7. On a distribué des billets à tous les membres.
8. Il y a eu une nouvelle émission de timbres commémorant / marquant / pour marquer le 400e anniversaire de (la ville de) Québec.
9. Le couple vedette a fait une déclaration niant les rumeurs qu'ils adoptaient un autre enfant.
10. Quelle est la date de délivrance de votre passeport?

Exercice I.8
1. Ils n'ont pas la clim/climatisation, donc ils ont acheté un ventilateur pour la chambre.
2. Nous sommes des partisans* fervents / enthousiastes des Canadiens / du Canadien / du Tricolore (des Glorieux?) et sommes convaincus qu'ils remporteront la coupe (Stanley) cette année.
3. Ce n'est pas un amateur de sushis / Il ne raffole pas des sushis; il préfère un bon steak.
4. Cette chanteuse a plus de soixante-dix ans / est septuagénaire, et ses admirateurs sont toujours nombreux.
5. Les cinéphiles se réjouissent : le festival de Cannes débute aujourd'hui.
6. Elle m'a rapporté du Japon un éventail exquis, peint à la main.
7. Ils soufflèrent sur la braise puis rajoutèrent quelques bûches au feu de camp. (= langue écrite – sinon au passé composé)
   Note : * On peut aussi accepter le calque *supporteurs* ou l'emprunt *fans*.

Exercice 1.9

1. Elle a apporté une robe que tu peux emprunter. / Elle a une robe à te prêter. Une taille 4 (Canada) / 36 (France).
2. Je ne peux plus accepter d'étudiants / pas accepter plus d'étudiants en raison de la grandeur de la salle (de la classe).
3. « Je peux vous aider? Quelle pointure faites-vous / cherchez-vous?
4. — Je fais/chausse du 6. (36 en France) »
5. Les petits pois sont ensuite triés selon la grosseur.
6. N'oublie(z) pas d'acheter un paquet de riz. Le petit format suffit / suffira.
7. Avez-vous vu la grosseur de ses mains? (familier : Lui as-tu vu la grosseur des mains?)
8. Je n'ai plus le tour de taille que j'avais...
9. Ouais, c'est à peu près ça!
10. Il est à peu près de la même taille que vous. Peut-être un peu plus grand.
11. Je n'arrive pas à croire l'étendue de son terrain. Cela/Ça nous amène jusqu'à la rivière / jusqu'au fleuve (s'il s'agit du Saint-Laurent, de la Seine, etc.).

Exercice 1.10

1. On peut se procurer des billets gratuits à la réception.
2. Cette voiture est offerte avec toit ouvrant.
3. Nous aimerions avoir accès à toute la documentation existante / qui existe.
4. Ce livre se vend / est en vente dans toutes les bonnes librairies.
5. Les produits suivants sont épuisés.
6. On peut se procurer les formulaires de déclaration de revenus en ligne et dans la plupart des bureaux de poste.
7. L'île sera dotée d'un service de traversier dès 2020.

Exercice 1.11

1. À la suite de l'accident, il a commencé à souffrir de maux de dos et depuis, il a tendance / il manifeste une tendance à boiter.
2. De nouveaux faits dans cette affaire semblent soutenir la théorie du procureur.
3. Les scientifiques ont mis au point un nouveau vaccin antigrippal qui sera bientôt mis à la disposition du public.
4. Une amitié inattendue s'est créée / établie entre les deux hommes.
5. Pendant le temps que les étudiants ont passé en France, il y a eu une nette amélioration de leurs compétences linguistiques. / Pendant leur séjour en France, les étudiants ont beaucoup amélioré leurs compétences linguistiques.

Partie II

Exercice II.1

a) Lexique : bring in (*apporter dedans*), specials (*spécials*), any (*n'importe quel*), required (*exigé*); Morphosyntaxe : When + présent = Quand + futur simple (pas le présent), le pronom relatif *que*; éviter le passif (*peut maintenant être exigé*).

b) Lorsque vous nous amenez votre voiture pour cette révision, un agent se fera un plaisir d'examiner votre dossier pour déterminer si d'autres réparations s'imposent / sont nécessaires, et s'il existe des promotions dont vous pourriez bénéficier / profiter.

Exercice II.2

a) *Ratatouille** (Provence's famous vegetable stew)

(* l'emprunt s'impose)

(Ingredients)

1 large eggplant

2 large onions (preferably red)

4 medium zucchinis

4 garlic buds (crushed)

3 or 4 peppers (red, yellow, green)

4 ripe tomatoes, diced (or 1 large can, Italian variety)

1 bay leaf

½ cup of olive oil

1 tbsp. salt

½ tsp. herbes de Provence*   (* l'emprunt)

a pinch of cayenne pepper

2 tbsp. chopped parsley (and / or fresh basil)

ground black pepper to taste

(Preparation)

1. Wash and partially peel eggplant; cut in thick slices and then in cubes / then dice. Spread out on paper towels. Sprinkle with salt and set aside.

2. In a large pot, brown minced or thinly sliced onions in olive oil (3-4 minutes).

3. During this time, wash zucchini, slice and add to pot.

4. Heat oil in a frying pan. Wash peppers, remove seeds, dice, then brown in oil with crushed garlic. Add to pot.

5. Dry eggplant cubes and brown in frying pan with more olive oil; add to the rest.
6. Add tomatoes and herbs. Salt and pepper to taste.
7. Cover and simmer for 30-40 minutes, stirring often.
8. Remove cover and continue cooking for 20-30 minutes until the vegetables are tender and the liquid has almost evaporated.
9. Allow to cool, then refrigerate.
10. Serve cold with black olives, or gently reheated.

BON APPÉTIT!*

(* Cet emprunt est préférable à « ENJOY ».)

b) *Madeleines* (small sponge cakes)
(makes 16 *madeleines*)*
(Ingredients)
2 large eggs
¾ cup (150 g.) sugar / 6 oz sugar (**Note** : 25 g = 1 oz.)
1 cup (250 g.) flour / 8 oz flour
½ cup (125 g.) unsalted butter, melted / 5 oz unsalted butter, melted
¾ tsp. baking powder
zest of a lemon or an orange (or ½ tsp. of vanilla extract)

(Preparation)
1. Preheat oven to 385 °F.
2. Beat eggs and sugar until frothy.
3. Add melted butter and flour, then the zest.
4. Grease the individual *madeleine* molds and fill them with batter.
5. Bake for 8 to 10 minutes.
6. Turn out onto a cooling tray.
7. Enjoy... while reading Proust! ☺

* You will need two baking trays with eight individual scalloped molds intended for *madeleines*.

Exercice 11.3
1. Au début du mois d'avril, l'OMS a annoncé que l'épidémie de SRAS avait touché quelque 3 000 personnes dans une quinzaine de pays et provoqué 60 décès.
2. En 1962, Watson, Crick et Wilkins partagèrent le prix Nobel de physiologie

et de médecine pour la découverte de la structure de l'ADN*. (* l'acide désoxyribonucléique)

3. Les agents de voyage en France doivent souvent expliquer à leurs clients que le système ferroviaire français (la SNCF) est beaucoup plus moderne que celui du Canada (VIARail) ou des États-Unis (AMTRAK). OU (traduction pour un lectorat en France) : Les agents de voyage doivent souvent / fréquemment expliquer à leurs clients que la SNCF est beaucoup plus moderne et efficace que le système ferroviaire du Canada ou des États-Unis / que les sociétés de chemin de fer canadienne ou américaine.

4. Bien que les gouvernements de la plupart des pays industrialisés leur soient favorables, les OGM pourraient se révéler dangereux pour l'environnement et pour la santé.

5. Selon l'OMS, plus de 8 millions des 22 millions de personnes atteintes du VIH ou du SIDA* / personnes séropositives ou sidéennes sont des femmes ou des filles. (* ou sida)

Exercice 11.4

1. Calques de sens :
   a) *raisonnable*
      Utilisez l'adjectif français *sensible* pour traduire l'anglais « sensitive ».
   b) *appuyer sur*
      Notez que le premier sens du verbe *presser* est « serrer de manière à extraire un liquide ».
   c) *présenter*
      Notez que le verbe *introduire* veut dire « faire entrer dans ».
   d) *L'entrée*
      Une *admission* est l'action ou le fait d'être accepté (physiquement ou intellectuellement).
   e) *un bel endroit*
      Note : Ce calque est très courant au Canada, mais en principe une *place* est un lieu public au même titre que *square* en anglais.
   f) *sans agent de conservation* (*préservatif* est l'équivalent de l'anglais *condom*.)
   g) *Je me suis inscrit(e)*...
      Note : *enregistrer* = to record (par ex., des données, une conversation, une émission, etc.).
   h) *le même domaine* (*une ligne* = un trait, réel ou imaginaire)
   i) *les personnages* (Le mot *caractère* s'utilise pour parler des qualités d'une personne.)
   j) As-tu *une ordonnance du médecin*?

2. Calques de structure
   a) (> *head office*) = un siège social;
   b) (> *legal advisor*) = un conseiller juridique;
   c) (> *sales rep*) = un commercial (**Note** : *a commercial* = une annonce publicitaire!);
   d) *(> tax payers)* = les contribuables;
   e) (> *toilet bowl*) = la cuvette;
   f) (> fund *raising*) = une collecte de fonds;
   g) (> *due to*) = en raison de;
   h) (> those *interested in*) = ceux qui s'intéressent aux...;
   i) (> to *access sthg.*) = accéder *à* qqch.;
   j) (> *to take* for granted) = *tenir* pour acquis.

Exercice 11.5

1. (> escape by the skin of one's teeth) = échapper de justesse;
2. (> to have the blues) = avoir le cafard;
3. (> to sit on the fence) = ne pas prendre position;
4. (> to be under the influence of alcohol) = en état d'ébriété;
5. (> to be under control) = Tout est dans l'ordre / La situation est maîtrisée;
6. (> to take offence) = se froisser;
7. (> to be on the line) = à l'écoute (au téléphone);
8. (> to take it easy) = se la couler douce;
9. (> to twist one's arm) = forcer la main (à qqn.);
10. (> to be in someone else's shoes) = (se mettre) dans la peau de qqn.

Exercice 11.6 (traduction proposée par Armstrong, p. 28-29)

Les <u>fonctions</u> jouent un <u>rôle</u> <u>important</u> dans les <u>sciences</u>. <u>Fréquemment</u>, on peut <u>observer</u> qu'une <u>quantité</u> est <u>fonction</u> d'une autre, et on tente de trouver une <u>formule</u> pour <u>exprimer</u> cette <u>fonction</u>. Par <u>exemple</u>, avant 1590 environ on n'avait pas d'<u>idée</u> <u>quantitative</u> de la <u>température</u>. Bien entendu, on comprenait des <u>notions</u> <u>relatives</u> comme « plus chaud » et « plus frais », et certaines <u>notions</u> <u>absolues</u> comme <u>bouillant</u>, gelant ou la température corporelle, mais il n'y avait pas de <u>mesure</u> <u>numérique</u> de la <u>température</u>. Il fallut le <u>génie</u> de Galilée pour découvrir* que l'<u>expansion</u> des <u>fluides</u> qui se chauffent était le moyen de <u>mesurer</u> la <u>température</u> en tant que <u>fonction</u> du <u>volume</u> des <u>fluides</u>.

(* Attention au faux ami *réaliser* qui veut dire « atteindre un objectif », pas « to realize » – quoique cet anglicisme se fasse de plus en plus accepté et figure même dans *Le Petit Robert*.)

Corrigé des exercices

Exercice 11.7

Bons amis : *(Il s'agit de repérer les mots qui se ressemblent et qui partagent le même sens.)* research / recherche(s), partner / partenaire, Canada Post / Postes Canada, efforts / efforts, authorization / autorisation, finally / finalement, permission / permission, campus / campus, tower / tour, architect / architecte.

Attention à request / requête! Ce sont souvent des faux amis. Le mot anglais est normalement utilisé pour parler d'une demande (qui n'est pas « a demand »!). Une requête, par contre, a le sens de « petition », une demande formelle qu'on revendique.

Faux amis : establish / établir (*fonder* une institution), large / large (le mot fr. = wide; le mot angl.= *grand, important*), education / éducation (le mot anglais se traduit souvent par *études, enseignement*...), language / langage (le français = une *langue*), environment / environnement (le mot français = la nature, autrement on traduit par un *milieu*), domestic / domestique (dans un contexte politique, il faut *intérieur*), design / dessiner (le mot anglais = concevoir, créer, le mot français = to draw).

Exercice 11.8

1. achever = terminer (to *achieve* = réaliser un objectif);
2. assister = être présent (le premier sens du mot, to *assist* = aider);
3. brutal = soudain (par ex., un changement brutal; l'anglais *brutal* = violent);
4. versatile = lunatique (en anglais on dirait *fickle*; l'anglais *versatile* = polyvalent); (**Note** : Le mot *lunatique* n'est pas synonyme de *fou*, mais « sujet aux changements d'humeur », comme sous l'effet de la lune; en anglais on dirait *temperamental*.)
5. vicieux = pervers (l'anglais *vicious* = cruel);
6. éventuellement = possiblement (*eventually* = finalement);
7. injurier = insulter (to *injure* = blesser; to *bless* = bénir!);
8. prétendre = affirmer (to *pretend* = feindre, faire semblant);
9. trépasser = mourir (to *trespass* = entrer par effraction dans un lieu);
10. prévenir = avertir (to *prevent* = empêcher).

Exercice 11.9

1. Faux : comique = amusant; un comédien = un acteur;
2. Vrai;
3. Faux : rude = le contraire de lisse (« coarse, rough »);
4. Vrai;
5. Faux : effectivement = en effet; actuellement = maintenant, présentement;
6. Vrai;
7. Faux : Une issue est une sortie;
8. Faux : un préservatif = « condom »;

9. Faux : raisins = « grapes » et prunes = « plums »;
10. Faux : affecté = qui se donne des airs;
11. Faux : sympathique = gentil (« nice »);
12. Vrai.

Exercice 11.10

(TA possible) *Ma douce moitié*

1. Chaque fois que je me penche pour prendre un(e) chip*, je me fais des abdos.
   (* *chip* [m. ou f.] demeure courant au niveau familier au Québec, même si le nom
   croustille [f.] est depuis longtemps prôné par l'OQLF et par ceux qui désirent éviter
   les anglicismes.)
2. Je t'ai pas traité d'immature / J'ai pas dit que tu manquais de maturité / que t'étais
   immature. J'faisais que répéter c'que ton pédiatre avait dit.
3. Pour rigoler (Fr.) / Juste pour le fun (QC), j'ai créé une adresse électronique / courriel
   / email pour notre chatte. C'est rendu qu'elle reçoit / Et maintenant elle reçoit plus
   de messages / méls / courriels que moi! (**Note** : Utiliser *courriel*(s) pour un lecteur
   canadien, *mél*(s) pour un lecteur français de France.)
4. Je crois que je passe / Je dois passer trop de temps devant l'ordi (Fr.) / l'ordinateur.
   Chaque fois que je m'endors, un écran de veille (Fr.) / un économiseur d'écran (Can.)
   s'allume.
5. On se les colle au nez pour enlever les points noirs*. Moi, j'essaie d'enlever la graisse
   / les tissus adipeux. (* *comédons* s'entend peut-être en France, mais pas au Canada,
   du moins pas au niveau familier.)

Exercice 11.11

1. Dès son retour
2. Dès son lever
3. Avant la rentrée (des classes)
4. Dès la rentrée parlementaire
5. Avant ma naissance
6. Après sa mort
7. Pendant mon absence
8. Deux voitures sont entrées en collision
9. Au plaisir de faire votre connaissance
10. Merci de votre écoute (de votre attention)
    Ça ne répond pas. = *There's no answer.*
    Vouloir, c'est pouvoir. = *Where there's a will there's a way.*

Exercice 11.12

1. Les cowboys partirent (sont partis) au galop.
2. L'étudiant est entré dans la salle de classe en patins à roulettes.
3. Ils se frayèrent (se sont frayé) un chemin dans la forêt à l'aide d'un bulldozer.
4. La motocyclette nous dépassa (a dépassés) dans un ronflement de moteur / en vrombissant.
5. L'avion descendit (est descendu) en piqué au-dessus de la ferme.
6. Les canards traversèrent (ont traversé) le pont en se dandinant.
7. Les spectateurs hurlèrent (ont hurlé) de rire / rirent (ont ri) à gorge déployée.
8. Une chaise s'envola (s'est envolée) de la terrasse / véranda et tomba (est tombée) dans la piscine avec un gros plouf.

Exercice 11.13

1. des pays en (voie de) développement
2. des biens de consommation
3. un test d'effort (une épreuve d'effort, un électrocardiogramme / ECG d'effort)
4. Elle se contenta (s'est contentée) de sourire.
5. Elle faillit (a failli) tomber. (familier : Elle a manqué de tomber.)
6. Il dit (a dit) du bien de vous.
7. [...] ajouta-t-elle avec mépris.
8. [...] ajouta-t-elle joyeuse / avec joie
9. Des centaines de Canadiens sont maintenant emprisonnés/incarcérés à l'étranger pour des crimes liés à la drogue.
10. Une autre augmentation du prix du pétrole

Exercice 11.14

a) « pendant la lente spirale descendante des marches » = "as we go spiralling slowly down the stairs": *la spirale* (noun)= *spiralling* (verbe); *lente* (adjectif) = *slowly* (adverbe); *descendante* (adjectif) = *down* (préposition qui régit *stairs*).

b) « les pieds-noirs *paniqués* quittent le pays » (adjectif qui modifie le sujet) = "pieds noirs flee the country in a *panic*" (nom qui est le CC du verbe); « tout ce qu'ils *possèdent* » (verbe) = "all their possessions" (nom).

Exercice 11.15

1. L'enquête sur l'incendie mortel dans une maison pour aînés au Québec se poursuit.
2. Un père qui a tué le copain / petit ami de sa fille toxicomane dont celle-ci recevait des drogues, a déclaré hier sous serment qu'il n'avait jamais envisagé le meurtre du

jeune homme. / Un revendeur de drogues a été abattu par le père de sa petite amie toxicomane. Celui-ci a témoigné hier qu'il n'avait pas voulu le tuer.

3. Devant l'hôpital St. George se trouvait un marchand de fleurs, et il s'y arrêta un moment. Des roses. Il s'attrista de voir leurs longues tiges aux boutons étirés et parfaitement roulés. Elles ressemblaient plus à des parapluies de la ville qu'à des fleurs. Ce n'étaient guère des roses [...]

4. Gouttes pour enlever le cérumen

5. Aire d'embarquement d'autobus scolaire = School Bus Loading Zone (une accumulation en anglais; nominalisation du verbe *embarquer* [*load*] en français).

Exercice 11.16

1. des comprimés sécables;
2. le bois d'œuvre;
3. une boîte réceptrice;
4. Je suis endetté(e) par-dessus la tête;
5. J'ai une faim de loup;
6. Chien méchant (On dit aussi : Attention au chien);
7. Je t'écoute / Je vous écoute;
8. Le Canadien écrase les Leafs;
9. Il faut garder cette porte fermée en tout temps. (Prière de garder cette porte fermée.);
10. Il ne faut jamais provoquer des vomissements chez une personne inconsciente.

Exercice 11.17

1. Changement de partie : on décrit l'effet des yeux (*wild-eyed*) et non des cheveux (*hirsute*); changement de perspective : en français *les semelles* révèlent les orteils difformes, alors qu'en anglais *toes* devient sujet (*his blackened toes visible...*).

2. *au deuxième étage = on the third floor* (le rez-de-chaussée étant « the first floor »); elle *fond en sanglots* (suggère une action subie) = *bursts into tears*.

Exercice 11.18

Modulations :

- un jeune homme promis à une carrière... (passif) = a young man about to embark on a career (actif);
- la guerre va séparer les frères (voix active) = the brothers are torn apart (voix passive).

Transpositions :

- d'une redoutable *sincérité* (nom) = overwhelmingly *sincere* (adjectif);
- Palme *d'or* (CduN) = *Golden* Palm (adjectif).

Exercice 11.19

1. Un exemple : it's sold by everyone (passif) = tout le monde en boit (actif).
2. On aurait pu traduire *it's sold* par la voix pronominale : *elle se vend*.
3. Modulation : Vodka has given way to beer = La bière a détrôné la vodka.

Exercice 11.20

1. your name was selected = Nous avons extrait votre nom (passif-actif); citizens... who... would be eligible = personnes... qui... pourraient être admises; during the ensuing year = au cours des douze prochains mois (intervalles).
2. reviewers will be sent = Les rédacteurs... recevront (passif-actif); will be asked to write = se verront demander (passif = pronominal); within a month = au cours du mois suivant (durée).
3. candidates are encouraged = l'entreprise encourage (passif-actif); Canadians and permanent residents will be given priority = l'entreprise accorde la priorité (passif-actif).

Exercice 11.21

Do you find yourself waking up at night for no reason at all? According to Richard Friedman, a psychiatrist at Cornell University, this is completely normal. Our sleep cycle is... cyclical: one night can be divided* into two periods of sleep of about three to five hours each. This type of two-phase sleep is frequently observed* in mammals, and some anthropologists believe it may have served a purpose in evolution. So, if you occasionally wake up at night, for no particular reason (no pain, anxiety, emotional or physical discomfort), rest assured: you have inherited a trait which helped your ancestors survive in a hostile environment.

(* la voix passive en anglais pour traduire la voix pronominale et active en français)

Exercice 11.22

1. Circulation fluide
2. À prendre avant les repas
3. Vous désirez? — Des œufs miroir.
4. Ne bougez plus! Haut les mains!
5. Faites vos jeux.
6. (Faites) le plein, SVP.
7. Garde-à-vous! / Repos!
8. Ne quittez pas. / Je vous (te) passe Claude.
9. À consommer de préférence avant le...

10. À table! / Je peux sortir de table?
11. Merde!
12. Un 5 1/2 (Montréal) = Un F4 / un T4 (Paris)
13. Un aller simple pour Marseille
14. Je vous prie d'accepter, Madame / Monsieur, mes salutations les meilleures. (par exemple)
15. Il était une fois
16. Je vous (t') en prie
17. Avec plaisir!
18. Mme Chose / Mme Machin
19. Première (deuxième, troisième…) pièce à conviction
20. D'après une histoire vraie.

Exercice 11.23

1. a) tweet tweet / cock-a-doodle-doo / Yuck! / Splash! / Bang Bang! / Ouch! / yum (yum) (On observe parfois – mais pas toujours – les mêmes consonances dans différentes langues.)
   b) le ronronnement du chat / le hululement du hibou / le grincement de la porte / le bourdonnement des abeilles / le pépiement des oiseaux

2. a) NO EXIT;
   b) ONE-WAY;
   c) SLOW… CONSTRUCTION AHEAD;
   d) KEEP RIGHT;
   e) TRESPASSERS WILL BE PROSECUTED;
   f) GARAGE SALE.

3. a) Don't judge a book by its cover.
   b) Two heads are better than one.
   c) Once burnt twice shy.
   d) Call a spade a spade.
   e) Rome wasn't built in a day.
   f) It's easy as pie.
   g) To have a frog in your throat.
   h) Practice makes perfect.
   i) To kill two birds with one stone.
   j) A rolling stone gathers no moss.

4. Les « animatopées » : 1=i, 2=g, 3=j, 4=e, 5=c, 6=d, 7=b, 8=a, 9=f, 10=h.
   Les exclamations et les bruits : a=3, b=8, c=1, d=2, e=4, f=5, g=7, h=6.

Exercice 11.24

1. A pain in the neck = *un casse-pied*;
2. To let the cat out of the bag = *vendre la mèche*;
3. To go bananas = *devenir dingue* (France; au Canada : *virer fou*);
4. To have butterflies in your stomach = *avoir le trac* (le calque est fréquent au Can.);
5. That takes the cake! = *C'est le bouquet*;
6. He's a big cheese. = *C'est une grosse légume*;
7. She's on cloud nine = *Elle est au septième ciel*;
8. To know like the back of your hand = *connaître comme le fond de sa poche*;
9. Once in a blue moon = *Une fois tous les 36 du mois*;
10. We have to face the music = *Il faut payer les pots cassés*;
11. You'll pay through the nose = *Ça va te coûter les yeux de la tête*;
12. I have pins and needles = *J'ai des fourmis.*

Exercice 11.25

1. a=xiii, b=vii, c=vi, d=viii, e=i, f=x, g=iv, h=v, i=iii, j=xv, k=xi, l=ii, m=xii, n=ix, o=xiv.
2. (par exemple)
   a) He knocked himself out (pop. : He bust his ass);
   b) No prob(lem);
   c) to be stoned/high;
   d) That's awesome! / That's sick!;
   e) I can't hack it / take it anymore;
   f) She's a pain (in the neck);
   g) She lost it;
   h) Chill!;
   i) It's not my first rodeo;
   j) You can say that again! / You know it!
   k) She's got it going on;
   l) Is it ever pouring! (fam.) / It's pissing rain. (pop.); (**Note** : a) *raining cats and dogs* est un peu vieilli aujourd'hui; b) On dit aussi au Québec : *Y mouille à sceaux* [prononcé *sciaux*], *mouiller* étant synonyme de *pleuvoir* au niveau familier.)
   m) It's rigged...;
   n) Stop messing / dicking (pop.) around!;
   o) Is it ever good!

Exercice 11.26

1. *Accès aux* quais / trains;
2. *L'entrée du* musée;
3. Passagers *à destination de / en provenance de* Paris;
4. La cuisine a une porte *qui donne sur* la terrasse;
5. La température est tombée *jusqu'à* -15;
6. Ils ont reçu un cadeau *de la part* de sa tante;
7. Il vous aidera *à porter* vos valises;
8. Cette voiture *est-elle équipée de* deux coussins gonflables?
9. valable *à partir de* (date);
10. émis *en vertu du* Code de la route;
11. dans une allocution *prononcée lors de* leur colloque annuel;
12. Nous observerons maintenant une minute de silence *à la mémoire de* ceux qui sont tombés au champ d'honneur.

Exercice 11.27

1. a) Quel est le chemin le plus court pour *se rendre* à l'université?
   b) Je passerai te *prendre* vers 7 h (si le matin) / 19 h (si le soir).
   c) J'ai pu *m'éloigner* des flammes *en rampant*. (*chassé-croisé*)
   d) The office can only be reached *through* the bedroom.
   e) The machine knocked the desk *into* the wall *with* overwhelming force.
2. a) Elle est *membre du* comité exécutif.
   b) Elle l'interpelait *de l'autre côté de* la rue.
   c) As a result of this policy, most French bookstores will disappear *within* five years.
   d) A good, cheap work force *from* the occupied territories.
3. a) Je suis très ému(e) par le souci *que vous vous faites / que tu te fais* à mon égard.
   b) Le directeur était un vieux timbré *qui portait* une toge littéralement mangée par les mites.
   c) Les maisons *qui se trouvent de l'autre côté de* la rue sont beaucoup plus grandes que les nôtres.
   d) Last year's match *between* Agen and Béziers is not easily forgotten.
   e) The taxi started up slowly. It was an old Renault *with* a half-deaf driver.
4. a) Un jeune homme *atteint du* SIDA nous raconte son histoire tragique.
   b) Il a illustré son argument *à l'aide de* citations de Shakespeare.
   c) En France, les passagers *munis de* billets doivent composter ceux-ci avant d'embarquer dans le train.

Exercice 11.28

1. Sigle : *BD* (bande dessinée) = *a comic-book*;

   Emprunt : *thriller*;

   Modulation : *sous les yeux de = in front of*;

   Transposition : *d'une grande originalité* (adj. + nom) = *highly original* (adv. + adj.);

   Équivalence : *roman policier = detective story*, ou encore *polar = whodunit*;

   Étoffement : aucun cas d'étoffement de la préposition en français, mais on y note :

   - « à la Shining » = « reminiscent of Kubrik's film *The Shining* »; cette utilisation de la préposition *à* en français est idiomatique et impossible à traduire en anglais sans étoffer – ou sans en faire l'emprunt... (On peut imaginer, par exemple, dans la presse de langue anglaise : « another blockbuster *à la* James Cameron ».)
   - l'utilisation du conditionnel antérieur dans le style journalistique pour une action hypothétique (*auraient disparu*) n'a pas d'équivalent morphologique en anglais, d'où la nécessité d'ajouter l'adverbe *allegedly*.

   Remarquez la perte stylistique évidente dans le passage du titre anglais *Three Bags Full* au français *Qui a tué Glenn?* Le titre original fait allusion à la comptine anglaise, *Baa baa black sheep* (« Baa baa black sheep, have you any wool? Yes, sir, yes, sir, three bags full... »).

2. Par exemple :

   a) modulation : *widely acknowledged = on s'accorde à dire* (passif-actif); transpositions : *dramatically* (adv.) *transformed* (adj.) = *profondes* (adj.) *transformations* (nom); nominalisation : *assessing itself* (verbe) = *autoévaluation* (nom).

   b) transpositions : *straddling = à cheval sur* (loc. prép.), *drawing on = qui utilise* (prop. rel.); étoffements : *the before and the after of = les années précédant et succédant à celles du...*

   c) étoffement de la préposition à l'aide d'un participe passé : *the focus on* = *l'accent porté sur*; transposition : *an attempt* (nom) = *a permis* (verbe); étoffement de la préposition *by* : *dans le contexte des...*

Exercice 11.29

1. Le jeu de mots : *trombe* (n.f) = 1. cyclone tropical déterminant, de la masse nuageuse à la mer, la formation d'une sorte de colonne nébuleuse tourbillonnante qui soulève la surface des eaux [...] 3. Loc. *Comme une trombe, en trombe* : avec un mouvement rapide et violent [...] (définition du P.R.) Expressions idiomatiques par extension : *entrer en trombe* (to barge, to charge in), *démarrer en trombe* (to get off to a roaring start). Une traduction possible : « Waterspout amazes Montrealers » communique

le contenu référentiel (trombe = waterspout), le phénomène météorologique qui a étonné même les experts, mais il y a une perte stylistique (aucun jeu de mots en anglais). Une « bonne traduction » sera donc difficile à trouver. (L'allitération « Waterspout spotted »?)

2. Normalement, on traduit *fleuve* par *river* (une généralisation). Notons qu'en anglais il s'agit du St. Lawrence *Seaway* (c'est une voie maritime); dans ce contexte-ci, toutefois, il vaut mieux traduire tout simplement par *the St. Lawrence*.

3. Équivalence : *Dame Nature* = *Mother Nature*

TA possible :

At approximately 1 pm yesterday, a waterspout was spotted[1] between the Jacques-Cartier Bridge and the Louis H. Lafontaine Tunnel[2] – something one expert said he hadn't seen here in 27 years with Environment Canada[3]. In Montreal, a rare and spectacular waterspout swept the St. Lawrence, torrential rains hit the region of Haute-Mauricie[4], and Texas braced itself for (the arrival of[5]) Hurricane Dolly. Mother Nature was acting up yesterday, here and elsewhere, unnerving vacationers (who were[5]) desperate for the return of good weather.

Note : 1. *was spotted* (le passif en anglais) = un cas de modulation; 2. majuscules en anglais; 3. dépouillement en anglais; 4. *the region of* = un étoffement en anglais; 5. un dépouillement, si on décide de laisser tomber...

Partie III

Exercice III.7
Note : La traduction ci-dessous est proposée par les auteurs (francophones) de l'article en question (Guillain et Pry, p. 205 [Abstract]). Pour un TA plus idiomatique, nous suggérons notamment l'utilisation du déictique au début (par ex., *This experiment*) et la correction des premiers verbes utilisés (il faut les mettre au passé : *was conducted, were observed, had to, had learned, had not*). Nous observons comme stratégie de traduction la simplification du vocabulaire en anglais : (jeu) *de fiction* = *pretend* play; (degré de) *complexité fictionnelle* = (degree of) *pretend*; *ludique* = *playful*; (le niveau) *langagier* = (the level of) *the words used*.

Abstract:
The research has been conducted on pretend play involving a telephone. Seventy children (30-36 months old) have been observed individually in a semi-standardized situation. They have to call an absent person

(first degree of pretend), an absent doll (second degree of pretend), and a doll present in the room (third degree of pretend). Thirty-six children are observed a second time: 18 children who have learned the script and 18 children who have not. The results show that: 1) The playful activity of the children depends on the degree of pretend that characterizes the communication situation; 2) The fiction complexity of the games does not predict the script level nor the level of the words used; and 3) The variations in the script level do not predict the changes in the other scores (games and language). These results are interpreted within the framework of a theory of representations systems that allow the evocation of the listener, the script execution, and the telephone conversation.

Exercice III.8
Comparez votre traduction de *Candide* à celles proposées par Tatilon (p. 106-107) :

1. On her way back she happened to meet the young man; she blushed, he blushed also; she wished him a good morning in a flattering tone, he returned the salute, without knowing what he had said. The next day, as they were rising from dinner, Cunegund and Candide slipped behind the screen. The miss dropped her handkerchief, the young man picked it up. She innocently took hold of his hand, and he as innocently kissed hers with a warmth, a sensibility, a grace – all very particular; their lips met; their eyes sparkled; their knees trembled; their hands strayed.

2. On her way home she met Candide, and blushed. Candide blushed too. Her voice was choked with emotion as she greeted him, and Candide spoke to her without knowing what he said. The following day, as they were leaving the dinner table, Cunégonde and Candide happened to meet behind a screen. Cunégonde dropped her handkerchief; Candide picked it up; she innocently held his hand; the young man innocently kissed hers with singular grace and ardour. Their lips met, their eyes flashed, their knees trembled, and their hands would not keep still.

3. On their way back to the castle she met Candide and blushed; Candide also blushed. She bade him good morning in a hesitating voice; Candide replied without knowing what he was saying. Next day, when they left the table after dinner, Cunegonde and Candide found themselves behind a screen; Cunegonde dropped her handkerchief, Candide picked it up; she innocently held his hand; the young man innocently kissed the young lady's hand with remarkable vivacity, tenderness and grace; their lips met, their eyes sparkled, their knees trembled, their hands wandered.

Exercice III.13

(Passage de *Ru*; le TA de Sheila Fischman, édition Vintage Canada, 2012, p. 40)

> After the old lady died, I would go every Sunday to a lotus pond in a suburb of Hanoi where there were always two or three women with bent backs and trembling hands, sitting in a small round boat, using a stick to move across the water and drop tea leaves into open lotus blossoms. They would come back the next day to collect them one by one before the petals faded, after the captive tea leaves had absorbed the scent of the pistils during the night. They told me that every one of those tea leaves preserved the soul of the short-lived flowers.

Grammaire comparée, Mise en pratique

A. Articles

(« Eggs » : version française dans *À bon verre, bonne table*, printemps 2005)

> Les œufs de nombreuses espèces d'oiseaux sont comestibles, mais dans les recettes, un « œuf » désigne habituellement un œuf de poule, à moins d'indication contraire. L'œuf nous est livré parfaitement emballé dans sa coquille, et malgré la croyance populaire, la couleur de la coquille n'est pas un indice de qualité. Les œufs roux ne sont pas meilleurs que les blancs. La couleur de la coquille varie selon l'espèce de poule et l'alimentation de la poule influe sur la couleur du jaune.

H. Le passif

1. Votre commande sera livrée avant la fin de la semaine.
2. On nous a conseillé de laisser nos bagages à la réception.
3. Avant l'invention du courrier électronique, on communiquait beaucoup plus fréquemment par téléphone / on utilisait le téléphone beaucoup plus fréquemment comme moyen de communication.
4. Il faut plus de bourses pour les étudiants de deuxième et troisième année.
5. Nous avons traduit le passage suivant pour nos lecteurs.
6. Il s'est fait renvoyer de l'école.
7. Le gaspacho se mange froid.
8. Les gros bruits font souvent peur aux jeunes enfants.

K. Les temps du passé

Justifier le choix du temps :

1. imparfait (*venir de* + infinitif = *had just been...*);
2. imparfait (pour décrire un état, une condition qui dure);
3. plus-que-parfait (moment antérieur à la narration);
4. passé simple (décrit une suite d'actions ponctuelles dans un texte littéraire);
5. présent indicatif (discours direct);
6. futur simple (discours direct);
7./8. opposition imparfait - passé simple (cause et effet);
9. passé simple (action ponctuelle dans un texte littéraire);
10. imparfait (description d'actions qui continuent et dont on ne voit ni le début ni la fin);
11. présent indicatif (discours direct);
12. passé simple (suite d'actions ponctuelles dans un texte littéraire).

TA possible :

1. Bambi <u>had just come</u> into the world (*ou* : <u>had just been born</u>).
2. The doe <u>was licking</u> him gently, lovingly. The fawn <u>lay</u> still (cas de modulation). He <u>let</u> himself be rocked by his mother.
3. An old magpie, who <u>had known</u> many does and <u>seen</u> (<u>witnessed</u>) the birth of many fawns,
4. <u>came</u> to perch nearby. She <u>looked</u> at the newborn, first its right side, then its left side, then its head, its rump, its legs, and she <u>exclaimed</u>:
5. "He <u>is</u> as strong and as handsome as a prince!
6. He <u>shall be</u> (<u>will be</u>) Prince of the Forest!"
7. She <u>was shouting</u> so loudly (*ou*, par nominalisation : Her cries <u>were</u> so loud) ...
8. that Bambi <u>opened</u> his eyes.
9. He <u>felt</u> the warmth of his mother, and he <u>heard</u> the birds singing.
10. They <u>were chirping</u> and <u>tweeting</u> and <u>chattering</u> all around him:
11. "A prince <u>is born</u>!"
12. And so Bambi <u>leaned</u> against his mother, <u>gathered</u> his legs beneath him, and lifting his head (modulation) gracefully (transposition), he <u>stood up</u>.

SOURCES CITÉES

Accor Magazine, n° 58, Paris, 2004. (titre d'article « Traits du Moore »)

ACOSTA, R.F (2008). « Le Loto des interjections », *Le français dans le monde*, n° 355, Paris, Clé International.

Aéroports de Paris, Lifestyle magazine, n° 75, Paris, mai 2013. (« S'amuser des illusions aux Arts décoratifs », dans la rubrique « 24 heures à Paris », p. 14)

ALAIN-FOURNIER (1971). *Le grand Meaulnes*, Paris, Fayard.

ALLÈGRE, Jean-Marius (1964). *The English translation of the "causative faire" constructions*, U. of Southern California, ProQuest, UMI Dissertations Publishing.

ARMSTRONG, Nigel (2005). *Translation, Linguistics, Culture*, Clevedon, Multilingual Matters.

ASTINGTON, Eric (1983). *Equivalences—Translation difficulties and devices French-English, English-French*, Cambridge UP.

ASTINGTON, Eric (1980). *French Structures—A Manuel for advanced students*, London, Collins.

ASTIRBEI, Carmen-Ecaterina (2011). « Particularités de la traduction du texte de presse : le problème du titre journalistique, Étude de cas », *Traduire*, n° 225 (déc.), p. 33-48.

BABINGTON, Doug, et Don LEPAN (2001). *The Broadview Guide to Writing, 2nd edn.*, Peterborough, Broadview Press.

BAOUTELMAN, Chantal (2011). « Les proverbes francophones », *Le français dans le monde – Francophonies du Sud*, n° 27 (nov.), p. 23.

BARBER, Katherine (dir.) (2004). *Canadian Oxford Dictionary, 2nd edn.*, Don Mills, Ontario, Oxford University Press Canada.

BÉGAUDEAU, François (2007). *Entre les murs*, Paris, éditions Folio.

BENIS, Michael (2006). « Searching and researching », *ITI Bulletin*, (juillet-août), p. 22-27.

BERMAN, Antoine (1999). *La Traduction et la lettre ou l'auberge du lointain*, Paris, Éditions du Seuil.

BERTRAND, Guy (2010). *400 capsules linguistiques*, Montréal, Éditions Michel Brûlé.

BONNER, Kieran (2011). « Exciting, Intoxicating, Dangerous: Some Tiger Effects on Ireland and the Culture of Dublin », *Canadian Journal of Irish Studies / Revue canadienne d'études irlandaises*, vol. 37, nᵒˢ 1&2, p. 50-75. [Abstract/Résumé]

BROWN, Dan (2013). *Inferno*, New York, Doubleday. [*Inferno*, trad. Dominique Defert et Carole Delporte, Paris, Éditions J C Lattès, 2013.]

BROWN, Gregory (2014). « Civil Proceedings », dans Steven Vago et Adie Nelson (dir.), *Law and Society*, 4ᵗʰ edition, Toronto, Pearson, p. 80.

CONDÉ, Maryse (2008). *Les belles ténébreuses*, Paris, Mercure de France.

CONLEY, Darby (2005). « Get Fuzzy », *Toronto Star*, 1/9/2005.

CONNELLY, Michael, et Eric OVERMYER (2014). *Bosch, Season 1*, Série télévisée produite par Amazon Studios. Sous-titrage par Traditore. URL : www.addic7ed.com.

COOKE, Rachel (2016). « The subtle art of translating foreign fiction », *The Guardian*, 24/06/2016 (reprise de « Fiction in Translation », *The Observer*, 16/07/2016). URL : www.the guardian.com/books/2016/jul/24/subtle-art-of-translating-foreign-fiction (consulté le 26 octobre 2016).

CUMMINS, Sarah (2011). « Comme c'est bizarre : le risque d'intrusion traductive en littérature pour la jeunesse », *Traduire*, nᵒ 224 (juin), p. 70-89.

DELISLE, Jean (2000). *La traduction raisonnée*, 5ᵉ éd., PU d'Ottawa.

DES GOUTTES, Jacqueline (1981). *L'Album de Bambi* (d'après l'histoire de Felix Salten), Paris, Éditions BIAS.

DESNOS, Robert (1967). « C'était un bon copain », *Anthologie de la poésie française*, vol. 12, Lausanne, Éditions rencontre.

DE VILLERS, Marie-Éva (2009). *Multidictionnaire de la langue française*, 6ᵉ éd. (dictionnaire des difficultés), Montréal, Québec Amérique.

DIMANNO, Rosie (2008). « The Great Haul of China », *Toronto Star*, 17/08/2008.

DIOP, Birago (1969). *Les contes d'Amadou Koumba*, Paris, Présence Africaine.

DOLET, Étienne (1540). *La manière de bien traduire d'une langue en aultre*, Lyon. URL : www.scribd.com/document/43706801/DOLET–Estienne (consulté le 26 octobre 2016).

DUBOIS, Jean *et al.* (1974). *Dictionnaire de la linguistique*, Paris, Éditions Larousse.

DUMEURGER, Marine (2015). « Les petits médiateurs de la récré », *Le Parisien Magazine*, 08/05/2015, p. 60-61.

DURAND, Marianne (dir.) (2010). *Le Robert & Collins*, 9e éd., Toronto, HarperCollins.

En Route, octobre 2016. (publication d'Air Canada)

En Route, juillet 2004. (article « Soft drink beer ratio »)

FARGE, Sylvain (2011). « Contraintes et originalité : deux facteurs déterminants du devenir des anglicismes en français », *Traduire*, n° 224 (juin), p. 109-120.

FERREZ, C. (2007). « Livres/Books », *Aéroports magazine*, n° 20 (mai), Paris, p. 25.

FLAUBERT, Gustave (1966). *Madame Bovary*, Paris, Flammarion. [*Madame Bovary*, trad. Francis Steegmuller, New York, Quality Paperback Book Club, 1991; Bantam Books, 1959.]

FOLKART, Barbara (2007). *Second Findings: A Poetics of Translation*, PUOttawa.

FOREST, Constance, et Denise BOUDREAU (2007). *Dictionnaire des anglicismes : le Colpron*, 4e édition, Montréal, Beauchemin-Chenelière Éducation.

FRANZEN, Jonathan (2001). *The Corrections*, New York, Farrar, Straus and Giroux.

GEISEL, Theodor Seuss (1985). *How the Grinch Stole Christmas by Dr. Seuss*, Toronto, Random House of Canada.

GLASBERGEN, Randy (1998). « The Better Half », *Toronto Star*, 10/11/1998.

GOSCINNY, René, et Albert UDERZO (1973). *Astérix en Corse*, Neuilly-sur-Seine, Dargaud. [*Asterix in Corsica*, trad. A. Bell et D. Hockridge, London, Hodder Dargaud, 1980.]

GOTTI, Maurizio (2005). *Investigating Specialized Discourse*, Berne/Berlin/Frankfurt, Peter Lang.

GOTTI, Maurizio (1991). *I linguaggi specialistici*, Florence, La Nuova Italia.

GOUVERNEMENT DE FRANCE (2002). « La santé vient en mangeant – Le guide alimentaire pour tous ». URL : social-sante.gouv.fr/IMG/pdf/guide_alimentairetous. pdf.

GOVERNMENT OF THE PROVINCE OF BRITISH COLUMBIA (2016). « Water Sustainability Act ». URL : www2.gov.bc.ca/gov/content/environment/air-land-water/water/laws-rules/water-sustainability-act (consulté le 26 octobre 2016).

GUILLAIN, André, et René PRY (2014). « Jeu de fiction chez l'enfant entre 30 et 36 mois : script et langage », *Canadian Journal of Behavioural Science / Revue canadienne des sciences du comportement*, 46(2), p. 205. [Résumé / Abstract]

GUILLECHON, Hélène (2007). « Le vent se lève », *Aéroports magazine*, n° 20 (mai), Paris, p. 22.

GUILLOTON, Noëlle, et Hélène CAJOLET-LAGANIÈRE (2000). *Le français au bureau*, *5e édition*, Office de la langue française, Les Publication du Québec.

HARNAM, Nadia (2013). « Bons comme un camion », dans « Paris s'éveille », *Aéroports de Paris, Lifestyle magazine*, n° 75 (mai), p. 50.

HARRELL, Rob (2016). « Adam @ Home », *Toronto Star*, 07/08/2016.

HERRERA, José Manuel Rodriguez (2014). « The Reverse Side of Mark Twain's Brocade: The Adventures of Huckleberry Finn and the Translation of Dialect », *European Journal of English Studies* 18(3), p. 278-294.

HERVEY, Sandor, et Ian HIGGINS (2002). *Thinking French Translation*, London, Routledge.

HIERNAUD, Jean-Marc (2003). *Les règles d'or de la traduction*, Paris, Ellipses.

HILL, Lawrence (2015). *The Illegal*, Toronto, HarperCollins Publishers.

HILL, Lawrence (2013). *Blood: The Stuff of Life*, Toronto, Anansi Press. [*Le sang, essence de la vie*, trad. Carole Noël, Lachine, Éditions de la Pleine Lune, 2014.]

HILL, Lawrence (2007). *The Book of Negroes*, Toronto, HarperCollins Publishers. [*Aminata*, trad. Carole Noël, Lachine, Éditions de la Pleine Lune, 2011.]

HOFSTEIN, Cyril (2015). « Le 8 mai 1945 », *Le Figaro Magazine*, 15/09/2015, p.35-43.

HUSTON, Nancy (1998). *L'empreinte de l'ange*, Actes Sud/Leméac. [*The Mark of the Angel*, Nancy Huston, Toronto, McArthur & Co., 1999.]

JAKOBSON, Roman (1960). « Linguistics and Poetics », dans T. Sebeok (dir.), *Style and Language*, Cambridge, M.A., MIT Press, p. 350-377.

JEUGE-MAYNART, Isabelle (dir.) (2011). *Le Petit Larousse illustré*, Paris, Larousse.

KADISH, Doris, et Françoise MASSARDIER-KENNEY (1996). « Traduire Maryse Condé : Entretien avec Richard Philcox », *French Review*, 69(5), p. 749-761.

KHADRA, Yasmina (2011). *L'équation africaine*, Paris, Éditions Julliard.

KIRBY, Jason (2008). « The Quest for Better Understanding », *Maclean's*, 3/11/2008, p. 54.

L'actualité, 15/06/2016. (« Faites du bruit », rubrique « En commençant par la fin », coordination : Daniel Chrétien, p. 58.)

L'actualité, 03/2016. (« *Argent* présenté par Banque Scotia », p. 34.)

L'actualité, 02/2016. (« Marcher comme un poisson », rubrique « En commençant par la fin », coordination : Daniel Chrétien.)

L'actualité, 15/12/2015. (« Aimer à mort », p. 51.)

L'actualité, 1/11/2015. (« Golfs élECtriques », rubrique « En commençant par la fin », p. 72.)

L'actualité, 15/02/2010. (« Téléphonie mobile », p. 36.)

L'actualité, 15/05/2006. (« Insomnie Blues », p. 66.)

L'actualité, 15/04/2006. (« La vie en kaki » et « La roue du bonheur », p. 76.)

LADMIRAL, Jean-René (1994). *Traduire : théorèmes pour la traduction*, Paris, Éditions Gallimard.

LANDERS, Clifford E. (2001). *Literary Translation–A Practical Guide*, Clevedon, Multilingual Matters Ltd.

LAPPIN-FORTIN, Kerry (2016). « Traduire le Black English ("C'est comme ça des fois") », *Meta : Journal des traducteurs / Meta: Translators' Journal*, 61(2), p. 459-478.

LAPPIN-FORTIN, Kerry (2015). « Talking Translation: An Interview with Lawrence Hill », *Canadian Literature* (223), p. 102-119.

LAPPIN-FORTIN, Kerry (2013). « Les quatre voix du duo Condé-Philcox », *French Review*, 86(3), p. 535-546.

LAPPIN-FORTIN, Kerry (2009). « Poésie et Pastiche – De la tête aux pieds, Fiche pédagogique », *Le français dans le monde*, 366 (nov.-déc.), p. 86.

La Presse, 8/01/2011. (« Les plus petits pays du monde », Vacances/Voyages I et II.)

La Presse, 25/07/2008. (« Montréal en trombe! », manchette à la une.)

LAVALLÉE, François (2005). *Le traducteur averti : pour des traductions idiomatiques*, Montréal, Linguatech.

LEDERER, Richard (1989). *Anguished English*, Bantam, Doubleday, Dell Publishing.

Le français dans le monde, supplément au nº 358, Paris, Clé International, 2008. (photo de Robert Estall/CORBIS, p. 3)

Le grand dictionnaire terminologique. URL : gdt.oqlf.gouv.qc.ca/ (consulté le 26 octobre 2016).

LENHARD, Gentiane (2015). « À la grâce de Grasse », *Le Parisien Magazine*, 08/05/2015, p. 72-73.

L'exposition multimédia Odyssée Canada / Canada Odyssey Multimedia Exhibition, Commission des Champs de bataille nationaux, 2007.

L'Express, 2/12/2008. (Rubrique « Les Débrouillards ».)

Le Monde, 22/10/2016. (« Les magasins-entrepôts Costco débarquent », dans la rubrique Économie & Entreprise, p. 3.)

LYSAGHT, Ruth (2011). « TG4 Leaders' Debate Election 2011: The Image of the Irish Language on Screen », *Canadian Journal of Irish Studies / Revue canadienne d'études irlandaises*, vol. 37, nᵒˢ 1&2, p. 156-177. [Abstract/Résumé]

McLAGAN, Jennifer (2005). « Eggs », *Food and Drink*, printemps, p. 50. / « Les œufs », *À bon verre, bonne table*, p. 29-30 (publication de la LCBO [Liquor Control Board of Ontario]).

Maclean's, 3/10/2016. (« Along for the ride », section « Good News », p. 8.)

Maclean's, 1/08/2016. (« Fallen tree house », section « Good News », p. 8.)

Maclean's, 11/01/2016. (« Getting the green light », p. 8, « Ask an Expert », p. 40.)

Maclean's, 14/02/2011. (« Who's suing whom? », p. 27.)

MEERTENS, René. « La traduction de textes journalistiques », *Foreignword.com, The Language Site*. URL : www.foreignword.com (consulté le 26 octobre 2016).

MERIENNE, Émilie (2016). « Fabrication : Comment fait-on un vin rosé? », Web, publié le 5/08/2016. URL : www.labivin.net/article-21622640.html (consulté le 26 octobre 2016)

MEVEL, Alexis (2014). « On the Use of verlan to subtitle African American Vernacular English into French: transnational hybridity », *inTRAlinea Special Issue: Across*

Screens Across Boundaries. URL : www.intralinea.org/specials/article/2076 (consulté le 26 octobre 2016).

MONTGOMERY, Lucy Maude (1908). *Anne of Green Gables*, Bantam Books (Paperback), 1992. [*La Maison aux pignons verts*, trad. Suzanne Pairault, Montréal, Québec Amérique, 1986.]

MOUGEON, Françoise (1998). *Quel français parler?*, Toronto, Éditions du GREF.

MOUNIN, Georges (dir.) (1974). *Dictionnaire de la linguistique*, Paris, PUF.

MOUNIN, Georges (1955). *Les Belles Infidèles*, Paris, Cahiers du Sud.

MURDOCH, Iris (1973). *An Unofficial Rose*, 5th edn., Harmondsworth, Middlesex, Penguin Books.

NATIONAL FORENSIC SCIENCE TECHNOLOGY CENTER (2012). « Simplified Guide to Fingerprint Analysis » (PDF), NFSTC, Florida, USA. URL : www. forensicsciencesimplified.org/prints/ (consulté le 26 octobre 2016).

NÉMIROVSKY, Irène (2004). *Suite française*, Paris, Éditions Denoël. [*Suite française*, trad. Sandra Smith, Toronto, Knopf Canada, 2006.]

NIDA, Eugene (1964). *Towards a Science of Translation*, Leiden, Brill.

OFFORD, Malcolm (1996). *French Sociolinguistics*, Clevedon, Multilingual Matters.

OLSON, Anna, et Michael OLSON (2000). *Inn on the Twenty Cookbook*, Vancouver, Whitecap.

ONDAATJE, Michael (2011). *The Cat's Table*, Toronto, McClellan & Stewart.

ORWELL, George (1977). *1984*, New York, Harcourt Brace Jovanovich. [Première édition 1949; traduction d'Amélie Audiberti parue en 1950, Paris, Éditions Gallimard, Folio].

OSEKI-DÉPRÉ, Inês (1999). *Théories et pratiques de la traduction littéraire*, Paris, Armand Colin.

PAGNOL, Marcel (1988). *Jean de Florette*, Paris, Éditions de Fallois.

PAQUIN, Robert (2000). « Le doublage au Canada : politiques de la langue et la langue des politiques », *Meta : Journal des traducteurs*, vol. 45(1), p. 127-133.

PARMENTIER, Michel (2006). *Dictionnaire des expressions et tournures calquées sur l'anglais*, Québec, PU Laval.

PHILCOX, Richard (2006). « Translating Maryse Condé : A Personal Itinerary », dans S. Barbour et G. Herndon (dir.), *Emerging Perspectives on Maryse Condé: A Writer of Her Own*, Trenton, NJ, Africa World P, p. 33-38.

POLLAK, Liliane (1989). *La traduction sans peur et sans reproches*, Montréal, Guérin.

POULIN, Jacques (2006). *La traduction est une histoire d'amour.* Montréal, Leméac.

POULIN, Jacques (1986). *Les grandes marées*, Montréal, Leméac, collection « Babel ».

QUENEAU, Raymond (2000). *Zazie dans le métro*, Paris, Gallimard.

REICHS, Kathy (2009). *Devil Bones*, New York, Pocket Books.

REY-DEBOVE, Josette, et Alain REY (dir.) (2015). *Le Petit Robert de la langue française*, Paris, Dictionnaires Le Robert.

ROSA, Alfred, et Paul ESCHHOLZ (1994). *The Writer's Brief Handbook*, Toronto/ New York, Macmillan Publishing.

ROSTAND, Edmond (1983). *Cyrano de Bergerac*, Gallimard, collection « Folio ». [Pour la version anglaise : trad. Brian Hooker, Random House, The Modern Library, 1951; trad. Lowell Bair, New York, Penguin, Signet Classic, 1972; trad. Christopher Fry, New York, Oxford World Classics, éd. de poche, 2008; trad. Anthony Burgess, New York, Applause Theatre & Cinema Books, 1998; trad. Carol Clark, London, Penguin Classics, 2006.]

ROWLING, J.K. (1997). *Harry Potter and the Philosopher's Stone*, London, Bloomsbury. [*Harry Potter à l'école des sorciers*, trad. J.-Fr. Ménard, Paris, Gallimard Jeunesse, 1998.]

SAMUEL, Henry (2016). « Pistol found in Paris' Canal Saint-Martin... », *The Telegraph*, 05/01/2016.

SACHAR, Louis (1989). *Wayside School is Falling Down*, New York, Harper Collins. [*L'école Zarbi déménage*, trad. Bertrand Ferrier, Paris, Bayard, coll. « Délires », 2004.]

SAUSSURE, Ferdinand de (1973). *Cours de linguistique générale*, Paris, Payot.

SCARPA, Federica (2010). *La traduction spécialisée : une approche professionnelle à l'enseignement de la traduction* [traduit et adapté par Marco Fiola], PU Ottawa.

SCHLOSSBERG, Tatiana (2016). « Promoting a Quieter Ocean », *The New York Times International Weekly and Weekend*, June 16-18, dans *The Toronto Star*, 18/07/2016, p. 10.

SEMPÉ-GOSCINNY (1960). *Le Petit Nicolas*, Paris, Éditions Denoël. [*Le Petit Nicolas*, trad. Vida Saâdat, Téhéran, Hermesse, 2001; trad. Âfâgh Hâmed Hâchemi, Téhéran, Sorouche, 2005.]

SHARPE, Tom (1978). *Wilt*, London, Pan. [*Wilt*, trad. Dupuigrenet-Desroussilles, Paris, U.G.D., collection « 10/18 », 1988.]

STANTON, Danielle (2004). « Holy Matrimony / Le couple dans tous ses ébats », *En Route*, publication d'Air Canada, novembre.

TATILON, Claude (2001). « Histoire d'une traduction : *Funeral Blues* de W. H. Auden », *Colloque international de linguistique fonctionnelle*, Toronto, vol. 37, p. 129-139.

TATILON, Claude (1989). *Traduire : pour une pédagogie de la traduction*, Toronto, Éditions du GREF.

TERMIUM Plus®, Public Works and Government Services Canada. URL : http://www.btb.termiumplus.gc.ca/ (consulté le 26 octobre 2016).

THÚY, Kim (2009). *Ru*, Montréal, Éditions Libre Expression. [*Ru*, trad. Sheila Fischman, Toronto, Vintage Editions, 2012.]

Toronto Star, 16/01/2007. (« A father who gunned down... »)

TREMBLAY, Michel (1972). *Les belles-sœurs*, Ottawa, Leméac. [Pour les versions anglaises : *Les Belles Sœurs*, Vancouver, Talonbooks, 1974; *The Guid-Sisters*, Toronto, Exile Editions, 1988.]

TRUC, Olivier (2012). *Le dernier Lapon*, Paris, Éditions Métailié.

« Université de Montréal », publication de Postes Canada, Ottawa, 2003. URL : www.canadapost.ca/web/fr/blogs/collecting/details.page?article=2003/09/04/ universit233_de_mont&cattype=collecting&cat=stamps.

URQUHART, Jane (2010). *Sanctuary Line*, Toronto, McClelland & Stewart.

VALDMAN, Albert (1993). *Bien Entendu! Introduction à la phonétique française*, Englewood New Jersey, Prentice Hall.

VENUTI, Lawrence (1995). *The Translator's Invisibility: A History of Translation*, London/New York, Routledge.

VINAY, J.-P., et Jean DARBELNET (1975). *Stylistique comparée du français et de l'anglais, méthode de traduction* (nouvelle édition revue et corrigée), Montréal, Beauchemin.

WALTER, Henriette (2011). « En traduisant, faut-il toujours être précis? », *La Linguistique* (Colloque de Corfu I), vol. 47(1), p. 27-36.

WALTER, Henriette (2001). *Honni soit qui mal y pense, l'incroyable histoire d'amour entre le français et l'anglais*, Paris, Robert Laffont.

WATSON RODGER, Valentine (2005). *Apprendre à traduire*, Toronto, Canadian Scholars' Press.

WATSON RODGER, Valentine (2005). *Traduire, le thème, la version*, Toronto, Canadian Scholars' Press.

WATTERSON, Bill (1992). *Attack of the Deranged Mutant Killer Monster Snow Goons* (A Calvin and Hobbes Collection), Toronto, Scholastics Inc.

ZEYNALIGARGARI, Sevil, et Fariden ALAVI (2011). « L'art de la traduction de l'humour dans la littérature pour enfants : la traduction du *Petit Nicolas* en persan », *Traduire*, 224 (juin), p. 90-108.

PAGE DE COPYRIGHT

Partie I

Figure 1: "Watch for children." Image ©iStockphoto.com/PhilAugustavo.

Partie II

Figure 2: Randy Glasbergen (1998), "The Better Half." © 1998 KFS Syndicate, Inc.

Figure 3: "Dual Language Signs in Quebec." Image © Robert Estall/CORBIS.

Figure 4: Adam @ Home © 2016 by Andrews Mcmeel Syndication. Reprinted with permission. All rights reserved.

Figure 5: "Bilingual sign." Image ©iStockphoto.com/FredS.

Partie III

Samuel, Henry (2016), "Pistol found in Paris' Canal Saint-Martin as 'big clean-up' commences." *The Telegraph*, January 5. Used by permission of Telegraph Media Group Limited.

Schlossberg, Tatiana (2016), "A Plan to Give Whales and Other Ocean Life Some Peace and Quiet." *The New York Times*, June 3. Used by permission of PARS International Corp.

Brown, Gregory (2014), "Civil Proceedings," in Vago, Steven & Adie Nelson, Eds., *Law and Society*, 4th edition, Toronto, Pearson, p.80. Reprinted with permission by Pearson Canada, Inc.

Sanctuary Line by Jane Urquhart. Copyright © 2010 Jane Urquhart. Reprinted by permission of McClelland & Stewart, a division of Penguin Random House Canada Limited, a Penguin Random House Company.

Partie IV

Figure 6: Get Fuzzy © 2005 Darby Conley. Used By permission of Andrews Mcmeel Syndication. All rights reserved.

INDEX